C'était génial de vivre

DE DAVID TEBOUL :

Yves Saint Laurent, 5 Avenue Marceau, 75116 Paris, France, La Martinière, 2002
Boris Mikhailov, j'ai déjà été ici un jour, Presses du réel, 2009
Simone Veil, l'aube à Birkenau, Les Arènes, 2019

Les Arènes,
17-19, rue Visconti, 75006 Paris
Tél. : 01 42 17 47 80
arenes@arenes.fr
www.arenes.fr

MARCELINE
LORIDAN-IVENS

C'était génial de vivre

Récit écrit par David Teboul
et Isabelle Wekstein-Steg
à partir d'interviews réalisées
en décembre 2017 et janvier 2018

les arènes

Êtes-vous heureux ?

Marceline,

Le premier film dans lequel tu apparais est *Chronique d'un été* d'Edgar Morin et Jean Rouch. On te voit dans les rues de Paris, posant aux passants cette question : « Êtes-vous heureux ? » Cela se passe en 1960. Tu as trente-deux ans.

Edgar Morin t'a expliqué que le sujet du film était le bonheur. Il fallait arrêter au hasard des passants dans la rue pour leur demander « Êtes-vous heureux ? » et voir comment ils réagissaient à cette question. Tu lui as répondu : « Tu ne penses pas qu'ils vont nous balancer des tartes ? » Morin t'a dit : « Non, pas du tout. Tu es piquante, séduisante, très jolie, ça va très bien marcher. Sois aguichante et sympathique. »

Toi, tu avais envie de pleurer.

Lorsque tu as dû répondre à cette question – « Êtes-vous heureuse ? » –, tu t'es trouvée prise au piège. Tu as pleuré, tu as pensé à la mort de ton père à Auschwitz. Pour toi, depuis quinze ans, tout était du rabe. Tu ne pouvais pas échapper à ce que tu avais vécu. La morte que tu étais ne pouvait plus revivre.

À Drancy, sur les murs de la prison, tu avais écrit : « C'est presque un bonheur de savoir à quel point on peut être malheureux dans la vie. »

Tu as longtemps été scandalisée d'arriver à vivre après ce que tu avais vécu. Tu ne comprenais pas comment tu pouvais encore faire des gestes quotidiens, regarder des vitrines dans la rue, vivre au jour le jour.

À cette époque, tu racontais t'être approchée, à Naples, d'une bande de garçons comme on en voyait beaucoup dans les faubourgs, des *disoccupati*, pour leur demander s'ils pouvaient te trouver des cigarettes. Un des garçons est allé t'en chercher pendant que les autres t'entouraient. Et puis l'un d'eux a vu le numéro de matricule tatoué sur ton bras. Il ne savait pas de quoi il s'agissait. Avec ton mauvais accent italien, tu lui as dit : « Camp de concentration en Allemagne pendant la guerre. » Alors il t'a regardée avec des yeux absolument ahuris. Il a sorti un stylo de sa poche et, sur un bout de papier, il a écrit ton numéro tatoué. Il a dit : « C'est pour la loterie nationale ! »

Tu avais trouvé ça extraordinaire. Tu aimais l'Italie et tu racontais qu'il n'y a qu'en Italie que cela pouvait arriver. Et ça changeait de toutes les conneries que tu avais entendues à propos de ce numéro tatoué : « Ton père est marin ? », « C'est ton numéro de téléphone… » Des bêtises, ou alors, pire, avec un air dramatique : « Ah, mon Dieu, je ne sais pas ce que c'est que ça ! Dites-moi ce que c'est… ? » Le fait que ce garçon ait noté ce numéro dans l'espoir de gagner le gros lot t'avait plu. Tu t'étais dit que tu aimerais qu'il gagne. Tu aimais raconter cette histoire.

Tu riais beaucoup.

Combien d'années, combien de mois pour retrouver son âme ?

Tu disais souvent que tu n'étais pas sortie du camp. Tu ajoutais : « On a l'âge de son trauma. » Tu n'as jamais eu les quinze ans de tout le monde. Alors, tu as eu quinze ans jusqu'à ton dernier souffle. Tu n'as pas cessé de clamer que tu étais heureuse de vivre, qu'il ne fallait pas avoir peur.

En janvier 2018, après de longues discussions, tu as accepté d'être filmée. « Venez filmer, il ne faut pas attendre. » Cela se passait quelques jours avant la parution de *L'Amour après*, écrit avec Judith Perrignon, un récit dans lequel tu évoquais ta relation à l'amour après les camps. Tu avais une condition : tu préparais « un film avec des Allemands » qui devait passer en premier. « Ils se battent pour faire un film sur moi. Je tiens beaucoup à respecter ma parole et mon engagement. C'est important que des Allemands s'intéressent à ma vie. »

Nous partagions souvent des dîners de shabbat, ces moments familiaux que les Juifs, pas forcément religieux, organisent le vendredi soir. Tu en raffolais et, nous, on raffolait de ta présence. C'est comme ça que nous nous sommes rapprochés de toi. Nous avons partagé ce rituel les dix dernières années de ta vie.

Nous t'avons filmée, chez toi, dans ta cuisine, dans ton salon-salle à manger. C'était l'hiver, tu disais qu'il te restait peu de temps encore à vivre, que tu choisirais le moment de partir, que cette chose-là on la décide. Tu semblais ne pas vouloir rater ta sortie. Tu avais envie de nous raconter, comme une dernière fois, ta vie. Tu nous en as livré la part la plus sombre mais aussi la plus inattendue, la plus folle, la plus libre.

Pendant des jours, nous t'avons filmée.
Pendant des années, nous t'avons écoutée.

Nous avons fêté ensemble tes quatre-vingt-dix ans dans un restaurant de la rue du Dragon, à Paris. À la fin du dîner, un couple de trentenaires amoureux nous a abordés pour demander le droit de se prendre en photo avec toi. Ils étaient timides. Ils ont dit à quel point tu comptais pour eux et pour toute une génération de gens de leur âge. À la fin de ta vie, tu étais devenue une icône pour les jeunes, et même les très jeunes, fascinés par ton histoire et ta liberté.

En septembre 2018, nous partageons avec toi, chez Jacqueline Frydman, le dîner du Nouvel An juif. Tu nous annonces avoir encore deux projets de livre, mais tu sais déjà qu'ils arrivent tard, peut-être même trop tard. Un premier sur la vie aux camps des enfants qui avaient pu échapper à la chambre à gaz pour quelques jours ou quelques semaines et qui étaient abusés sexuellement. Tu savais le sujet délicat et sans doute trop complexe. Tu disais manquer de documentation. Tu avais envie, toi la survivante de Birkenau, d'écrire sur ce sujet, car tu savais déjà qu'un jour il susciterait l'intérêt.

Lors de ce dernier dîner, quelques jours avant de mourir, tu nous as raconté que, peu de temps auparavant, plongée dans le coma, tu avais retrouvé Simone Veil, qu'elle t'avait pris la main et raccompagnée du côté des vivants. Nous nous sommes tus, nous n'avons pas osé t'interroger sur ce rêve. Tu voulais en faire un livre aussi. Tes voisins de table ne comprenaient pas s'il s'agissait d'une hallucination, d'un rêve, d'un cauchemar ou simplement du souhait de retrouver l'autre fille de Birkenau, ta copine Simone. Tu ajoutais que ce rêve t'avait permis de revenir à la vie. Tu pensais à tes quinze ans, au camp et aux filles de Birkenau. Tu savais que le projet du livre était confus, tu ajoutais qu'il nécessiterait l'intervention de la fiction, et ça, tu ne te sentais pas capable de l'affronter.

Ce soir-là, c'était ton dernier dîner, il y avait beaucoup de monde, c'était gai et festif, et tu étais dans une grande forme. C'était de la cuisine ashkénaze, qu'on appelait autrefois polonaise. La seule faute à ton goût était l'absence de hareng.

À part ça, tu disais avec provocation que c'était « presque bien ».

Avec ton rire généreux et sarcastique et ton impatience que les prières se terminent afin de pouvoir boire et manger, tu t'amusais comme les enfants qui n'en peuvent plus d'attendre aux tables de fêtes juives. Les prières te semblaient trop longues et tu as déclaré avec un rire : « Dieu, je l'emmerde. Il avait qu'à être là en 1942. » Tu ne supportais pas la plainte. Tu ne supportais pas les regrets ni la culpabilité.

Et tu riais beaucoup.

Tu es morte quelques jours après, le jour de l'entrée de Kippour, le jour du Grand Pardon, ce même jour de Kippour où, soixante-quinze ans auparavant, tu avais jeûné pour prouver ta dignité face aux SS. Quelques mois plus tôt, tu avais perdu la vue à Jérusalem. Isaac, le fils d'Abraham, lui aussi, était devenu aveugle. « Ses yeux s'obscurcirent d'avoir vu », raconte la Thora. Dans sa jeunesse, il avait vu quelque chose qu'il n'aurait jamais dû voir lorsqu'il fut placé sur un autel pour être sacrifié par son père. Il avait vu l'impensable, et ses yeux s'étaient obscurcis. Isaac était comme toi un survivant de l'anéantissement.

Au cimetière du Montparnasse, la rabbine Delphine Horvilleur t'a rendu un dernier hommage : « La tradition juive entend la rébellion et la colère, même tournées contre Dieu. Elle l'écoute et lui fait de la place. Et si l'homme peut demander à Dieu des comptes, alors je crois qu'en cet instant, face à Marceline, Dieu est en situation difficile et pourrait bien passer un sale quart d'heure. Parce que devant lui se tient une avocate féroce de l'humanité, qui va plaider comme personne pour sa génération. »

Pendant des jours, nous t'avons filmée.
Pendant des années, nous t'avons écoutée.
Ceci est ton dernier récit.

David Teboul et Isabelle Wekstein-Steg

Je suis tout à fait heureuse de parler avec vous,
parce que j'ai toute confiance en vous.
J'ai essayé de vous donner le meilleur de moi,
en toute honnêteté. Il y a longtemps que je n'ai pas
parlé comme je vous ai parlé à vous deux,
car j'ai toute confiance. L'un sans l'autre, non.
Ensemble, oui, absolument.

Quand j'étais enfant, je voulais être avocate ou danseuse de claquettes. J'avais une facilité de parole, une tchatche pas possible, mais c'étaient surtout les claquettes qui m'attiraient.

À Épinal, avant la guerre, je regardais des films avec Shirley Temple et Charlie Chaplin. Il y avait aussi le théâtre du Petit Monde, un théâtre pour enfants. Mon père nous y emmenait souvent. J'avais envie de jouer, de danser comme ces enfants, et j'ai gardé leurs chansons en mémoire.

Je ne suis devenue ni danseuse de claquettes ni avocate, mais je me suis toujours débrouillée. Tout est arrivé un peu par hasard. Pourquoi est-ce que j'ai réalisé des films ? Pourquoi est-ce que j'ai publié des livres ? Jamais je n'aurais pensé que j'écrirais un jour. Ce que j'ai vécu était inimaginable. Et puis voilà, je trouve que c'était génial de vivre.

Je regrette une chose, c'est ma taille. Je me suis toujours trouvée trop petite. J'aurais tellement aimé être une grande rousse aux yeux verts.

Aujourd'hui, à quatre-vingt-dix ans, je m'accommode mieux de la vie. Ça ne va pas durer longtemps parce que, à un moment, on est tous obligé de se barrer. C'est moi qui déciderai du moment. Ça, j'en suis persuadée : quand le moment vient, c'est qu'on l'a décidé. On n'en est pas toujours conscient, mais on l'a décidé quand même. Pour l'instant, j'ai confiance. J'ai décidé de vivre le plus longtemps possible.

Maintenant je fais du rabe. Rien ne peut m'empêcher d'être joyeuse. C'est la seule chose qui m'intéresse : être joyeuse. Il ne faut pas avoir peur de la vie. Il ne faut avoir peur de rien. Une seule chose compte : continuer, ne regarder ni à droite ni à gauche. C'est dur, c'est compliqué, on se fait avoir. On se démerde, on fait ce qu'on peut. C'est sûrement pour ça que j'ai deux anges. Parce que je sais que j'en ai deux.

Joris Ivens avait raison. Il disait : « Il ne faut jamais perdre son enfance, il faut la nourrir. » Il avait raison. Il faut la garder en soi. C'est elle qui nous apporte tout. C'est elle qui nous permet d'oser, comme seuls les enfants peuvent oser. Quelle chance ils ont ! Ils m'émeuvent beaucoup plus qu'avant.

L'un de mes plus anciens souvenirs est celui de ma mère faisant les marchés pour vendre des chaussettes tricotées. Je restais à côté d'elle pendant des heures. J'étais une très petite fille, je parlais à peine et je l'imitais. Je ne sais plus ce qu'elle disait, ce devait être quelque chose comme : « Quatre paires pour un franc ! » Moi, je répétais : « Catchi poutchi paire ! » Je ne doutais de rien. Cette phrase-là, je m'en souviens encore : « Catchi poutchi paire ! »

Il y avait aussi une femme qui s'appelait Andrée. J'habitais à Nancy. Elle venait me chercher pour m'emmener dans l'atelier de mon père, un atelier de confection de tricots. Dans cet endroit, je pouvais jouer, j'étais libre. J'aimais Andrée, elle m'apportait la liberté.

J'ai retrouvé une photo de famille prise à la campagne dans les années 1930. On y voit mes parents, ma sœur aînée, ma petite sœur encore bébé. Je porte une valise, une toute petite valise. À l'intérieur, il devait y avoir un baigneur, une boîte pour les mouches, des objets dans ce genre. Rien que des choses indispensables.

Je me souviens aussi des voitures de mon père. Il avait une grande Delage, très carrée. Il y avait aussi une décapotable qui portait un drôle de nom, une Amilcar peut-être. Mon père venait nous voir à la campagne au volant de cette voiture. Mes parents, qui travaillaient à Épinal depuis 1937, nous avaient placés chez des paysans moitié lorrains, moitié alsaciens. Le climat des Vosges était rude. L'hiver, il faisait froid, les paysans qui nous hébergeaient se chauffaient mal. Devant leur porte, il y avait un tas de fumier. Nous, les enfants, on avait des poux. Tous autant que nous étions, ma mère passait son dimanche à nous épouiller. Je me souviens très bien du journal sur lequel elle nous épouillait, et aussi du peigne. Un peigne très particulier, très serré. Un peigne comme il n'en existe plus, ou peut-être pour les petits enfants encore aujourd'hui, je ne sais pas. N'ayant pas eu d'enfants, je n'ai aucune conscience des objets qui leur sont nécessaires.

Les souvenirs réveillent les souvenirs : lorsque nous habitions Épinal ou Nancy, au printemps, nous partions à la campagne dans des guinguettes où l'on pouvait manger de la friture de poissons. J'adorais ça. Je devais avoir sept ou huit ans. Récemment, près de chez moi, j'ai trouvé un restaurant qui sert de la friture, mais ce ne sont plus les mêmes poissons.

J'étais la troisième enfant, celle du milieu, et je voulais qu'on s'occupe de moi. Il n'était pas facile d'attirer l'attention des autres. J'étais capable de violence. À la maison, nous avions une bonne que je trouvais méchante. Elle se plaignait de nous auprès de ma mère et nous dénonçait. Un jour, pour me venger, j'ai pris son plus beau chemisier, je l'ai découpé avec des ciseaux et j'ai essayé de boucher les trous avec des feuilles de vigne vierge cousues sur la toile. Quelle invention ! Ce jour-là, j'ai reçu une dérouillée magistrale.

Avoir autant de souvenirs, ce n'est pas si mal.

Ma dernière sœur savait se faire entendre. Elle me reprochait de « rapporter » auprès de notre père. C'était peut-être vrai, je ne m'en souviens pas. Elle et moi, on se disputait beaucoup. Elle n'hésitait pas à me donner des coups. Moi, j'essayais de jouer de la séduction. Je me servais de ma complicité avec mon père.

Avec lui, je dansais le foxtrot et le charleston. Il me prenait dans ses bras. Nous étions proches et je l'aimais. Il était toujours présent dans les moments difficiles. La nuit, quand je ne dormais pas, quand je pleurais, quand j'avais mal aux dents parce que je mangeais trop de bonbons, c'est lui qui venait me réconforter.

Un jour, à Nancy, dans ce très grand appartement que j'aimais beaucoup et qui m'est toujours resté en mémoire, il est venu me réveiller. Il devait être à peu près minuit. Il m'a mise debout sur la table et m'a dit : « Ouvre la bouche. » Ce soir-là, il recevait un ami dentiste à dîner. D'abord, je n'ai pas voulu ouvrir la bouche. J'avais peur. J'ai fini par mordre le doigt du dentiste. Pourtant je souffrais beaucoup des dents et j'avais confiance en mon père. C'est encore un souvenir d'enfance. Depuis, j'ai toujours eu peur des dentistes. Ça s'est un peu arrangé avec le temps.

Ma mère, je crois que ça l'embêtait beaucoup d'avoir tant d'enfants. Elle préférait les garçons. Pour les filles, c'était une autre paire de manches : si elles n'étaient pas jolies, elles le payaient cher. Elle vouait une admiration sans bornes à mon frère aîné qui n'était pas tendre avec nous. Je me sentais lésée. J'allais m'enfermer dans les toilettes pour concocter des vengeances imaginaires, des vengeances dont j'étais la victime. Je rêvais de me faire du mal pour que la famille réagisse. Je me disais : « Je vais avaler une bouteille d'encre pour tomber malade. »

Ma mère n'était pas douée pour s'occuper d'une famille nombreuse. Avant moi, deux enfants étaient nés : un frère et une sœur aînés. Après moi, deux autres encore. Ma mère trouvait que ma sœur aînée n'était pas assez belle. Elle ne l'aimait pas. Moi, ce n'était pas mieux. Pour elle, je n'étais qu'une petite rouquine. Ses gestes d'affection étaient rares. Elle, ma mère, était belle et toujours bien habillée, très coquette, très active aussi. Lorsqu'on vivait à Nancy, elle s'occupait beaucoup d'organisations juives pour les jeunes.

À la naissance de mon petit frère Michel, en 1937, la famille a quitté Nancy et le grand appartement pour revenir à Épinal. Mon père avait fait de mauvaises affaires et ma mère a dû prendre un magasin. Nous y sommes restés deux ans à peine. Ma mère, je ne sais pourquoi, avait inscrit ses filles au lycée de garçons. C'est là que j'ai fait ma septième et ma sixième. Ce fut une épreuve. Les garçons nous tiraient les cheveux. Je me souviens aussi que les familles de la bourgeoisie juive française, qu'on appelait à l'époque les Israélites, ne nous recevaient pas. Je me sentais différente, étrangère pour plusieurs raisons. J'étais juive, j'étais d'origine polonaise, et, en plus, rousse et gauchère.

Épinal m'a quand même laissé de beaux souvenirs, en particulier parce qu'on nous laissait jouer dans la rue. J'avais une petite cousine qui habitait dans la même rue que nous et qui m'avait fait une révélation : « Tu sais, pendant la nuit, mes parents se bousculent… » Ça m'avait intriguée. J'avais cherché le sens du mot dans le dictionnaire et n'avais rien compris.

Au collège d'Épinal, il y avait une petite Israélite nommée Francine. Elle a voulu me faire entrer aux éclaireuses laïques, dans la section junior qu'on appelait les Petites Ailes. Une cheftaine est même venue voir ma mère qui, devant mon insistance, a fini par accepter. Je suis partie faire du camping près d'un lac. C'était quand même une autre vie que celle de la maison. Pour une seule nuit, j'échappais à ma mère.

J'ai toujours su que j'étais juive. J'ai conservé une photo où j'apparais avec les deux aînés. Je n'ai pas un an. Mon frère porte son châle de bar-mitsva. Il doit avoir près de onze ans. À l'époque, les garçons faisaient leur bar-mitsva plus tôt qu'aujourd'hui.

Cette photo me parle d'un passé trop lointain pour que je me souvienne de la cérémonie. En revanche, je me rappelle la circoncision de mon petit frère. J'étais déjà plus âgée. J'avais presque dix ans de plus que lui. À l'époque, l'éducation religieuse des garçons rythmait l'année de ses cérémonies. Celle des filles nettement moins.

En Pologne, d'où nous venions, la génération de mes grands-parents était très pieuse. Mon grand-père était *shoykhet*. Il contrôlait l'abattage rituel des animaux et se rémunérait avec les peaux qu'il faisait tanner. Mon père avait été élevé dans une yeshiva, mais il allait aussi à l'école polonaise. Dans sa jeunesse, il était ce qu'on appelait un « moderniste ». Il nous racontait comment le samedi, jour du shabbat, alors que les Juifs pieux devaient rester chez eux, il sortait en cachette par la fenêtre du toit de la maison parentale. La mode de l'époque était aux chapeaux haut de forme assortis d'une canne. Mon père allait donc se balader dans la rue, en plein shabbat, avec son chapeau et sa canne.

Mes parents ont fait un véritable mariage d'amour, pas un mariage arrangé. Mon père est tombé amoureux de ma mère, je ne sais où ni comment, et ma mère a refusé de porter une perruque le jour de son mariage, comme le faisaient les jeunes Juives pieuses. Elle venait d'une famille de grossistes de produits exotiques, à Lodz. Sa famille ne roulait pas sur l'or. Enfant, elle allait pieds nus à l'école pour économiser les chaussures.

Mes parents se sont mariés extrêmement jeunes. Mon père avait dix-sept ans, ma mère seize ans à peine. Très vite, le premier enfant est né. Mon père est alors parti seul. Il a vécu à Berlin, il a failli s'y fixer, mais il voulait aller en plusieurs étapes jusqu'aux États-Unis. Il a longtemps gardé la nostalgie de cette Allemagne des années 1920, où flottait un parfum de liberté. Une fois à Paris, il a posé ses bagages. Il est revenu chercher ma mère, laissant mon frère aîné en Pologne.

Dans sa jeunesse, mon père était sioniste. Il rêvait d'un État juif, moderne, laïc, seul refuge possible, pensait-il, contre l'antisémitisme qui gangrenait toute l'Europe.

À Nancy, notre famille gardait quelques éléments de la tradition. Le samedi, mon père allait à la *shul*, la synagogue, mais sans doute autant pour discuter avec ses amis que pour prier. Surtout, il militait pour la cause sioniste. Je me souviens, dans les magasins familiaux, de la boîte bleue et blanche, avec l'étoile de David, qui servait à recueillir des dons. Ma mère, elle, prenait la liberté de travailler le samedi. Elle militait dans des associations juives. Moi, j'ai commencé à étudier l'hébreu l'année de ma sixième. La guerre est arrivée l'année suivante.

Mes parents avaient connu les pogroms russes avant la Première Guerre mondiale et, en 1919, l'antisémitisme d'État de la Pologne indépendante. Ils vivaient à Lodz, une ville de prolétaires. Pour les Juifs, il y avait moins de perspectives d'avenir qu'à Varsovie. Finalement, c'est en France qu'ils se sont installés. Mon père avait lu Balzac en yiddish, il avait lu Zola, peut-être en russe, et puis il y avait eu l'affaire Dreyfus. Avec sa devise, « Liberté, Égalité, Fraternité », la France lui est apparue comme un pays dans lequel on pouvait espérer s'installer, fonder une famille, bâtir une vie nouvelle.

Ma mère a donc laissé son fils aîné en Pologne, chez sa mère. Elle a rejoint mon père en France. La vie à Paris était trop difficile. Ils ont décidé de partir en province. Sans doute quelqu'un leur a-t-il parlé de Nancy en disant : Là-bas, on trouve du travail. Ma mère a commencé à travailler comme bobineuse au coton DMC, à la fabrication du fil.

Mon père, lui, a d'abord été manœuvre. Très vite, son épouse s'est à nouveau retrouvée enceinte. Elle est retournée en Pologne pour accoucher chez sa mère. Après la naissance de ma sœur aînée, elle a provisoirement laissé les deux enfants en Pologne. Ils n'avaient pas d'autre solution. Mes parents ne lâchaient pas prise. Ils s'obstinaient. Ils ont économisé pour s'acheter une charrette et vendre des chaussettes sur les marchés. Dès que leur situation s'est améliorée, ils sont repartis chercher leurs deux enfants.

Mon frère et ma sœur, qui portaient des prénoms yiddish, ont alors reçu des prénoms français. Entre eux, mes parents parlaient en polonais, en yiddish et parfois en russe. C'étaient leurs « langues secrètes ». Ma mère, très douée pour les langues, parlait ou comprenait toutes les langues slaves. Cependant, à condition de garder leurs « langues secrètes », mes parents voulaient que leurs enfants soient français et qu'ils apprennent, comme les autres, que « leurs ancêtres étaient des Gaulois ». Dans la région des Vosges, le nom de Rozenberg ne passait pas inaperçu. Le nom de ma mère était Gruskiewitch, que mes oncles avaient simplifié en Grusk. Tout cela ne faisait pas tellement couleur locale. Mon père lisait des livres aux caractères hébraïques que je trouvais très bizarres dans ma petite enfance. J'ai toujours su que nous étions des étrangers.

Je suis née à Épinal en 1928, à trois heures du matin. Mes cris à la naissance étaient tellement stridents que les voisins ont cru qu'on égorgeait un canard en pleine nuit. C'est ce qu'on m'a raconté. J'étais la première de la famille à naître en France. Mon père m'a donné un nom français : Marceline, mais j'ai aussi reçu un nom yiddish, Meriem. Je suis née rouquine, juive et gauchère, ce qui faisait beaucoup de singularités.

Peu de temps après ma naissance, mes parents ont déménagé à Nancy, et mon père a ouvert un atelier de tricots. J'ai encore chez moi son diplôme de fabricant de pull-overs en jacquard, obtenu à la foire de Nancy en 1931. Son entreprise s'appelait Au Pilote des Affaires. Dans cette ville, il était l'un des premiers à fabriquer des pull-overs et des chaussettes en jacquard, à l'époque un monopole des soyeux de Lyon. On n'en trouvait pas n'importe où. Mon père avait fait venir des machines de Suède. Pendant tout ce temps, mes parents se sont nourris de harengs et de pommes de terre. Le dimanche, ma mère préparait des plats polonais. On avait abandonné la cuisine strictement casher.

Peu avant la guerre, mon père, qui avait gagné à la loterie nationale, est retourné en Pologne pour voir sa famille. Il a traversé l'Allemagne en voiture et partout il a vu le nazisme à l'œuvre. Ce devait être en 1936 ou 1937. L'année suivante, nous avons hébergé un Juif allemand. Quand la guerre est arrivée, nous ne pouvions pas dire que nous ne savions pas.

Lorsqu'elle parle de Gourdon, à Bollène, dans le Vaucluse, ma petite sœur dit : « le château de mon enfance ». Moi je dis : « le château de la malédiction ». C'était un peu fou, de la part de mon père, d'acheter un château en 1941, alors qu'à l'époque les Juifs devaient déjà se cacher dans des trous. Mais il avait une famille nombreuse à loger et curieusement, à sa façon, il croyait au « retour à la terre ». On allait cultiver nos légumes, élever des animaux de ferme. Comme beaucoup de Français, il avait confiance en Pétain, au moins au début. Tout le monde n'avait pas connaissance des lois antijuives. Moi, je n'ai appris leur existence qu'après la guerre. Est-ce que mon père prenait vraiment la mesure du danger ? Il écoutait Radio Londres tous les jours, mais on n'imaginait rien de ce qui s'annonçait.

À la déclaration de guerre, mon père a voulu s'engager dans la Légion étrangère. Comme il avait cinq enfants, les autorités militaires ne l'ont pas accepté. En mai 1940, ce fut l'exode. Nous sommes partis d'Épinal et nous avons traversé la France jusqu'à Limoges dans des difficultés sanglantes. Les routes étaient bombardées. Quatre enfants entassés dans la voiture. Mon frère aîné n'était déjà plus avec nous. Étudiant en médecine, il avait été mobilisé en 1939 comme médecin auxiliaire et envoyé en Syrie.

Arrivés à Limoges, nous avons vécu à douze dans une seule pièce, mais cela ne m'a pas empêché de connaître des moments de bonheur. J'avais à peine douze ans. On m'envoyait faire la queue pour acheter une bouteille d'huile. La communauté juive essayait d'encadrer la vie des enfants. Comme j'avais commencé à apprendre l'hébreu, j'allais à la synagogue pour y suivre des cours. J'y ai appris des chansons en hébreu que je connais toujours par cœur. Cette étape à Limoges, je l'ai vécue comme une aventure.

En octobre 1940, mon père a décidé de cacher ses trois derniers enfants à Messimy, dans la région de Lyon. Il nous a placés dans un drôle d'établissement, un pensionnat qui accueillait aussi des enfants de prostituées et des enfants handicapés. Nous y sommes restés plusieurs mois. Un jour, ma sœur aînée est venue nous annoncer cette nouvelle extraordinaire : on allait enfin tous habiter ensemble.

À l'hiver 1941, mon père est venu nous chercher à la gare de Bollène, sur la nationale 7, entre Orange et Montélimar. Il nous a emmenés en carriole dans la campagne provençale. J'étais assise à l'avant, à côté de lui. Il a pris un air mystérieux et m'a demandé ce que j'aimerais le plus au monde. Je lui ai répondu : « Vivre tous ensemble. » Il m'a montré un toit pointu au loin. Nous nous sommes arrêtés devant un édifice à tourelles. Mon père m'a présenté notre nouvelle demeure. Elle avait plus de vingt pièces. Pour la première fois, chacun allait avoir sa chambre.

La famille Rozenberg est arrivée dans le château de Gourdon, à Bollène, en mars 1941. Les lois contre les Juifs s'appliquaient déjà. Les biens de mes parents étaient confisqués. Depuis l'invasion allemande, ma mère, clairvoyante, voulait que nous tentions de quitter la France. Mon père avait choisi de rester. Il craignait la dispersion de la famille et se croyait à l'abri dans ce village provençal isolé.

Ce château avait été acheté au nom de mon frère, car, depuis la fin de 1940, les lois de Vichy interdisaient aux Juifs étrangers d'acquérir des biens immobiliers. Mon père était catalogué « Juif étranger ». Il n'est devenu français qu'après sa mort. Ma mère, elle, est devenue française après la guerre. Quant à moi, pendant l'Occupation, on m'a retiré la nationalité française. Cette nationalité, j'ai dû aller la rechercher à Nantes, après mon retour des camps.

Dans la région de Bollène, tout le monde savait que nous étions juifs. Nous ne portions pas l'étoile jaune car nous étions en zone libre, mais nous avions des tampons *Juif* sur tous nos papiers, sur nos cartes d'alimentation. Moi, j'allais à l'école d'Orange comme une petite Juive.

Mon père et moi écoutions Radio Londres. En 1942, nous avons entendu parler des chambres à gaz. Nous n'y avons pas cru. Personne n'y croyait. Bien plus tard, mon frère me l'a raconté : en Algérie, où il avait rejoint les Forces françaises libres, il lisait des journaux français imprimés en Grande-Bretagne. Eux aussi commençaient à dire que les Allemands gazaient les Juifs. Lui non plus, il n'y a pas cru. Il pensait qu'il s'agissait de propagande. C'est incroyable, le temps que nous avons mis à comprendre.

J'avais treize ans et je n'avais pas encore mes règles, je ne savais même pas ce que c'était. Quand je les ai eues, j'ai cru que j'étais en train de mourir. Ma mère ne m'avait rien dit. C'est Henriette, ma sœur aînée, qui m'a expliqué. Elle venait de se faire flanquer à la porte par mon père parce qu'elle était tombée amoureuse d'un soldat français. Henriette et moi étions très différentes. Nous avions trop d'années d'écart, six ans, et presque aucun souvenir d'enfance en commun. Elle était plus forte que moi, plus dure. Elle avait vécu une partie de son enfance chez des paysans vosgiens. Elle les préférait à sa famille. Elle était butée comme une Vosgienne. Adolescente, elle était capable de monter sur un arbre, de refuser de descendre pendant deux jours. Mon père en devenait fou. Moi, je n'étais pas du tout comme ça.

Henriette est partie rejoindre le maquis. Elle avait compris le danger. Ma mère aussi l'avait compris. Elle suppliait mon père, elle lui disait : « On ne peut pas rester ici, il faut s'en aller ! »

Hélas, mon père a voulu rester. En 1941, il était si fier d'habiter dans ce château. Moi, j'étais si heureuse d'avoir ma chambre. Notre belle demeure se situait à vingt kilomètres d'Orange où mes parents m'avaient placée à l'internat du lycée, en classe de cinquième. Je croyais dur comme fer à cette vie nouvelle.

J'étais alors amoureuse d'un garçon qui s'appelait Daniel. Je le voyais dans l'autocar qui nous ramenait le samedi d'Orange à Bollène. Il était beau et, en plus, il était fort en mathématiques. En échange de tickets de pain que ma mère me donnait, il faisait mes devoirs.

J'avais un journal où j'écrivais tout. Je racontais que ma sœur aînée s'était enfuie avec un soldat démobilisé. J'y révélais aussi mon flirt avec Daniel. Un professeur m'a confisqué ce journal, puis la surveillante générale a convoqué mon père : « Il vaudrait mieux que vous retiriez votre fille de l'école, elle va finir en conseil de discipline ! » À l'époque, ça suffisait. Fou de rage, mon père m'a dit : « Toi aussi, tu choisis un goy, alors ? Mes filles choisissent des goys ! » Il ne m'a jamais rendu mon journal intime.

Au lycée d'Orange, la surveillante générale était pétainiste, et la plupart des élèves vénéraient le Maréchal. En ce temps-là, tout le monde ou presque avait l'air de croire en Pétain. L'antisémitisme se répandait partout. On l'entendait dans les réflexions, les conversations. On le respirait dans l'atmosphère. À l'école, les Israélites, en bons Français qu'ils voulaient être, accusaient les Juifs étrangers de susciter ce nouvel antisémitisme. Les « Juifs étrangers », c'étaient nous.

Moi, je n'avais pas peur et je n'hésitais pas à m'exprimer à voix haute. Je disais beaucoup de mal des professeurs pétainistes. Au lieu de chanter « Maréchal, nous voilà ! », je chantais *a cappella* « Général, nous voilà ! ». À treize ans, j'étais la plus jeune des gaullistes. Le jour où il a confisqué mon journal, mon père a débarqué dans ma chambre. Il a vu les décors que j'avais composés avec les portraits de Joffre, de Foch et de Clemenceau, portraits abandonnés par le précédent propriétaire, le général Masselin, dans le grenier du château. Il y avait aussi des dessins accompagnés de « Vive de Gaulle » et des croix de Lorraine. Tout cela était accroché aux murs de ma chambre. Il m'a dit : « Tu es folle, tu veux nous faire arrêter ? » Nous étions en pleine guerre, mais je ne me cachais pas. J'écrivais « Vive de Gaulle » dans les trains.

J'ai donc quitté Orange pour aller au collège de Montélimar, où la directrice générale, beaucoup plus conciliante et proche de la Résistance, m'a acceptée. J'y ai passé, à l'internat, l'année scolaire 1942-1943.

Le week-end, au château, la vie restait formidable. Je faisais du vélo et j'explorais la campagne. Je cueillais des aubergines et des courgettes.

Au château, pourtant, la tension montait chaque jour. Mon père recueillait des jeunes gens qui fuyaient le STO. Ils étaient aiguillés par une médecin, Marianne Basch, qui vivait dans le village de Bollène. Ces jeunes réfractaires passaient quelques semaines avec nous en attendant de rejoindre le maquis. Deux sœurs recherchées par la police, Marie et Suzanne, ont aussi trouvé refuge au château. Marie est devenue ma belle-sœur après la guerre.

Mon petit frère et ma petite sœur étaient logés à une dizaine de kilomètres. Clandestinement, j'allais les ravitailler à bicyclette. Ma dernière photo de classe a été prise en juin 1943. À ce moment-là, les Allemands ont commencé à arrêter les gosses dans les écoles. Au début de l'été, j'ai donc rejoint mes parents au château, avec mon petit frère et ma petite sœur. Ma sœur aînée, depuis son maquis, venait de temps en temps nous donner des nouvelles.

À l'automne 1943, je ne suis pas retournée à l'école. Grâce à Marius Moutet, un parlementaire socialiste qui avait refusé de voter les pleins pouvoirs à Pétain, mon père a trouvé un endroit pour me cacher dans la région de Montélimar, à la campagne. J'ai été placée dans la maison d'un ancien militaire qui cachait les réfractaires au STO. J'en ai gardé un souvenir épouvantable. Je dormais dans un grenier plein de rats. Il fallait se lever à quatre heures du matin pour éplucher des légumes. J'étais mal nourrie et maltraitée. J'étais loin de mes parents et j'avais peur. Au bout de deux mois, j'ai demandé à rentrer au château. Mes parents n'auraient pas dû accepter.

Le 28 février 1944, ma sœur aînée est venue nous mettre en garde : les arrestations se multipliaient dans la région. Mon père se croyait à l'abri.

Le maire et le commissaire lui avaient répété qu'ils le préviendraient. Une première fois, ils lui avaient dit qu'il était recherché pour aller au STO. Il s'était enfui pour revenir quelques semaines plus tard. Cette fois, les Allemands ont été plus malins, ils n'ont prévenu ni le maire ni le commissaire. Ils se sont adressés aux miliciens.

Dans l'après-midi du 28 février, mon père m'a envoyée prévenir des Juifs du village de ne pas dormir chez eux. Parmi eux, il y avait un nez de parfumerie nommé Mario Rothstein qui travaillait dans une ferme voisine. Ce même après-midi, mon père a transporté des affaires dans une maison isolée dans la forêt qui devait nous servir d'abri pour la nuit.

Ce soir-là, il faisait froid. Ma mère avait préparé un sublime pot-au-feu. Sitôt le dîner terminé, chacun a préparé ses vêtements et ses faux papiers. Ma mère a dit : « On ne va pas partir ce soir, j'ai trop mal à la tête. Ils ne viendront pas cette nuit. » Nous avons décidé de rester. Nous ne savions pas que nous étions déjà encerclés, depuis huit heures du soir, par la milice et la Gestapo.

Je suis allée me coucher la première. Je m'étais installée dans une petite chambre du premier étage pour partir plus vite. À minuit, mon père, affolé, est venu me réveiller en me disant : « Marceline, ils sont là, il faut partir tout de suite. » Dans le château, il y avait mes parents, Marie et Suzanne, les deux filles cachées, et moi.

Les soldats allemands et la milice ont attaqué le château par-derrière. J'entendais les mitraillettes de tous les côtés. Il y avait deux escaliers, l'un vers la cour intérieure, l'autre vers le parc. J'ai couru d'un escalier à l'autre sans pouvoir descendre, à cause des rafales. Les murs de cette maison et plusieurs tableaux portent encore l'impact des balles. Nous avions une copie d'une peinture hollandaise qui, pour moi, représentait la chèvre de monsieur Seguin : une petite chèvre attachée qui tire sur sa corde pour s'évader. Elle a été trouée et déposée à la cave après-guerre. Plus tard, je l'ai récupérée chez moi. Joris, mon mari, m'a simplement rappelé que c'était un tableau hollandais, sans rapport avec la chèvre de monsieur Seguin. Mon regard d'enfant y voyait une chèvre. C'était mon aspiration à la liberté.

Au château, nous avions déjà prévu notre fuite en cas d'attaque. On s'était toujours dit que nous sortirions par la porte-fenêtre qui donnait sur l'arrière du parc. Mon père était censé m'attendre dehors. Nous devions nous échapper par une porte discrète, au fond de l'enclos, et nous enfuir par la forêt.

Le temps de m'habiller, j'ai été la dernière à sortir. Je suis passée par la porte-fenêtre comme prévu. Mon père m'attendait non loin, dans le parc. Je ne voyais que lui. Il m'a dit : « Vite, ils sont là » Nous avons couru vers la porte du fond. Je suis arrivée la première, j'ai tiré le verrou en murmurant : « Ça y est, papa, on est sauvés. » Mon père a mis un pied dehors. En embuscade derrière la porte, un milicien a surgi. Il a crié :

« Halte ou je tire ! » Un voisin nous avait dénoncés, il avait indiqué notre issue de secours aux Allemands. Après notre arrestation, ce voisin a fait main basse sur des objets de la maison.

Mon père a été frappé à la tête et s'est mis à saigner. Le milicien nous a ramenés au château en s'éclairant d'une lampe de poche. À l'intérieur, il régnait une grande confusion. Les hommes fouillaient, fracturaient les meubles. On a entendu quelqu'un crier : « On a trouvé un poste émetteur. » C'était une radio dépareillée.

Nous étions quatre : Marie, Suzanne, mon père et moi. Ma sœur et ma mère avaient réussi à s'enfuir. En quelques heures, ce château est devenu le lieu de rassemblement de tous ceux qui venaient d'être raflés dans les environs. Il y avait le chef de la Gestapo d'Avignon, des SS, des miliciens de Bollène et aussi quelques mafieux venant de Marseille. Ils cherchaient un Roumain, ils cherchaient un Tchèque. Ils cherchaient toutes sortes de gens. En tout, une dizaine de personnes avaient été dénoncées. Par la suite, la plupart ont été relâchées.

Mon père saignait de la tête. Moi, je n'avais pas peur. J'étais impertinente et répondais du tac au tac. Je me suis mise à préparer les bagages pour mon père et pour moi. Je ne savais pas faire les bagages d'un homme. Un mafieux marseillais me surveillait et me confisquait les affaires au fur et à mesure. Je suis partie chercher des quartiers de viande que mon père avait fumés. Chaque fois que j'en rapportais un, le mafieux me l'arrachait des mains en criant : « Ah, non, pas le jambon. »

Un autre mafieux m'a suivie jusqu'aux toilettes. Il a essayé de me violer. J'ai hurlé si fort que le responsable de la Gestapo est monté à l'étage pour l'engueuler : « On ne touche pas à cette race-là ! » Ça, je ne l'ai jamais oublié.

Je ne voulais pas me laisser faire.

J'ai continué à remplir les valises et j'ai volé une robe de chambre qui appartenait à ma mère. Ce vêtement avait une histoire. En 1942, je m'étais fait opérer d'une péritonite. Ma mère, pour me réconforter, m'avait montré cette robe de chambre et m'avait dit : « Je te la donnerai quand tu seras plus grande, pour ton mariage. »

Avant de partir à l'hôpital, j'avais volé ce vêtement dans l'armoire de ma mère et l'avais déposé dans ma petite valise. Ma mère avait vérifié la valise, elle y avait découvert la robe de chambre et m'avait flanqué une bonne paire de claques. Dans le château, j'étais aux mains des Allemands. J'ai décidé de m'emparer de la robe de chambre. Je me suis dit : « Elle est là, je la prends ! » Dans ma tête, les règles avaient changé.

Avec une certaine insolence, je me suis adressée au chef de la Gestapo d'Avignon, un professeur d'allemand au lycée Lakanal de Sceaux, avant la guerre. Je lui ai dit : « Alors, c'est vous la cinquième colonne ? » Avant-guerre, on parlait toujours de la cinquième colonne, des espions infiltrés. Il a répondu : « Oui, c'est moi ! », puis il m'a dit : « Vous devez faire vos bagages, prenez le maximum de choses, surtout des vêtements chauds. Là où vous allez, il fait très froid. » Personne ne savait où nous allions, personne ne nous le disait. Mon père l'ignorait aussi, mais il savait que ce serait grave. Certains, on me l'a dit, ont éprouvé une sorte de soulagement au moment de la capture par les Allemands. Moi non, c'était de la colère. J'étais folle de rage.

Ma mère, je l'ai su plus tard, a voulu se rendre au moment de l'attaque. Ma sœur l'en a empêché. Elles sont parties à temps, dissimulées par les arbres. Il fallait qu'elles retrouvent Jacqueline et Michel, les deux petits, cachés chez une femme – une Parisienne réfugiée – à Saint-Pierre, un village voisin. D'abord, ma sœur a dû trouver une autre cache. Elle n'a pu prévenir les enfants que le lendemain. Entre-temps, les Allemands avaient envoyé dans ce village un paysan qui travaillait avec mon père. La femme qui cachait les enfants a refusé de les lui remettre s'il n'y avait pas un mot écrit de la main de mon père, puis elle a cherché une autre cache. Pendant vingt-quatre heures, personne n'a voulu les accueillir. Les gens avaient peur.

Deux cultivateurs ont finalement accepté de les héberger pour une seule nuit. Le lendemain, ma sœur aînée est revenue les chercher avec un camion du maquis pour les emmener dans les Cévennes. Jacqueline avait à peine dix ans, Michel, à peine sept. Moi, j'en avais quinze et j'étais aux mains des Allemands.

En France, on a crié au miracle parce qu'il y a eu trois mille Justes. La belle affaire… Il y en aurait eu dix mille que ce serait encore rien du tout. Combien de Juifs avaient payé ceux qui les cachaient ? Mon petit frère et ma petite sœur ont été sauvés de justesse.

Après l'arrestation, Allemands et miliciens ont embarqué des chaises de la salle à manger et nous ont embarqués pour Avignon dans un autocar. Le lendemain, je suis arrivée à la prison Sainte-Anne. Il y avait des soldats allemands par dizaines, des miliciens et des policiers français. On m'a séparée de mon père, je me suis sentie absolument seule. L'un des gardiens était autrichien. Je n'ai jamais oublié cet homme. Il a pleuré en me voyant parce que je lui rappelais sa fille dont les cheveux étaient aussi roux que les miens. Il a dit à mon père : Il faut tout faire pour partir parce que là où vous irez, vous ne reviendrez jamais. Mon père lui a demandé de nous faire évader ensemble. Il a répondu : Non, je ne peux pas faire ça, ils déporteront toute ma famille. Mais faites tout ce que vous pourrez pour vous enfuir.

Mon père et moi avons été enfermés dans des cellules séparées. Marie et Suzanne ont été enfermées ensemble. Moi, j'étais seule.

J'ai aussitôt découvert que la cellule voisine était occupée. Si je frappais, on m'entendait. Comme je ne connaissais pas le morse, j'ai essayé de communiquer en utilisant la place des lettres dans l'alphabet. Un coup pour A, deux coups pour B. Pour faire une phrase, il fallait à peu près une journée. J'ai réussi à comprendre que mon voisin était un résistant condamné à mort.

Quelques jours après, on m'a transférée dans la cellule où se trouvaient Marie et Suzanne, mais aussi des résistantes. La plupart étaient communistes. Je leur ai déclaré que je ne croyais pas du tout au communisme. J'ai dit : « Le premier traître, c'est le peuple. » Je pensais qu'il ne fallait pas croire au peuple, que le peuple avait trahi. J'étais gaulliste. Seul de Gaulle comptait. Pour mon père, c'était pareil. Ma sœur aînée, elle, était communiste. Elle a combattu jusqu'à la Libération. En 1944, avec un oncle du côté maternel, elle a organisé des sabotages de chemins de fer près de Marseille.

Quelques jours plus tard, j'ai été convoquée à la Gestapo d'Avignon où j'ai subi un interrogatoire. Le plus important, c'était de garder le silence. Il fallait ne rien dire, n'avoir rien vu, rien entendu, comme les trois petits singes de la tradition chinoise.

Parmi les détenues interrogées, il y avait Jacqueline Roinac, une jeune résistante. Son fiancé venait d'être fusillé. Dans la cour de la prison, on entendait chaque jour le crépitement des balles. Quelques mois plus tard, Jacqueline a été libérée par l'arrivée des Alliés en Provence. Elle s'est engagée dans l'armée de Leclerc et elle est allée jusqu'à Berlin.

Le gardien autrichien m'a dit que mon père avait été transféré dans une cellule voisine de la mienne. Comme je devais laver le plancher, chaque fois que je passais devant sa cellule, je chantais la même chanson pour que mon père reconnaisse ma voix. C'était une chanson scoute de l'époque : *Sur les monts tout-puissants / On n'entend que le vent / On ne voit que le ciel / On ne sent que le soleil / Au revoir, au revoir ! / Nous allons chercher le vent ! / La route est longue, dans la montagne / Mais nous partons pleins de courage…* De temps en temps, le gardien me faisait sortir de cellule en même temps que mon père pour que nous puissions nous apercevoir dans les toilettes.

Après quinze jours à la prison Sainte-Anne, on nous a transférés à Marseille. Ma sœur aînée avait prévenu la Résistance qu'un autocar allait nous transporter. Les résistants ont refusé d'intervenir en disant qu'il n'y avait pas de « gens importants » dedans. Ces gens, c'étaient nous ! À un moment donné, le car s'est arrêté pour que nous puissions faire pipi. Les résistants auraient très bien pu intervenir. On aurait pu être sauvés. Dans ce car, il y avait mon père, Marie et Suzanne, et d'autres prisonniers qu'on transférait vers Drancy. Il y avait des déportés résistants, il y avait des Juifs. Il y avait Ginette, que je n'ai connue que plus tard, à Birkenau.

Nous sommes arrivés à la prison des Baumettes et, peu de temps après, on nous a mis dans un wagon de troisième classe, direction Paris. Mon père était attaché à un autre prisonnier. Moi, je n'étais pas attachée parce que j'étais considérée comme une gamine.

J'ai fait le voyage avec le neveu de Ginette qui avait un an de moins que moi, c'est-à-dire quatorze ans. Nous voulions nous évader en profitant des ralentissements du train, mais les SS gardaient les portes. Nous n'avons jamais pu tromper leur surveillance.

Dans ce wagon, j'ai eu le droit de parler à mon père. Il m'a répété les deux phrases que le gardien autrichien lui avait dites : Je ne peux pas vous aider parce qu'ils vont déporter toute ma famille. Il faut tout faire pour ne pas y aller, parce que vous ne reviendrez pas.

Au bout d'une journée de voyage, nous sommes arrivés gare de Lyon. On nous a mis dans un autobus en direction de Drancy.

À Drancy, nous sommes restés quinze jours. Hommes et femmes y étaient parqués chacun de leur côté. J'ai été à nouveau séparée de mon père. Je parvenais à le voir sur le terre-plein central.

Il me disait qu'il faisait tout pour ne pas être déporté, mais qu'il n'y arrivait pas. À Drancy, il y avait un type que tout le monde appelait le Boxeur. C'était un Juif originaire de Nancy qui travaillait pour les autorités du camp.

Mon père a essayé de le convaincre d'intervenir pour nous, de nous éviter la déportation. Ce type extorquait de l'argent aux déportés. Il promettait aussi aux filles de leur éviter les camps. Il couchait avec elles et, le jour venu, elles partaient comme les autres. Avec moi, il n'a rien tenté. Après la guerre, tout le monde a voulu sa peau. Je sais qu'il s'est sauvé en Espagne et qu'il a échappé à la justice. Avec lui, de toute façon, mon père n'avait aucune chance, il n'avait pas d'argent, on nous avait déjà tout pris.

En comparaison de ce qui nous attendait à Birkenau, Drancy n'était rien. Dans les camps, ce sont les chambres à gaz qui rendent fou. Il n'y a que cela qui compte vraiment. Drancy, c'était juste une vaste prison. Une sourde angoisse y régnait. Beaucoup de gens y écrivaient leur désespoir sur les murs. Moi, j'ai écrit : « C'est presque un bonheur de savoir à quel point on peut être malheureux dans la vie. » On chantait un triste refrain de l'époque : *Sombre dimanche / Les bras tout chargés de fleurs / Je suis entré dans notre chambre / Le cœur las car je savais déjà…* Il y avait des suicides. Les gens se jetaient par les fenêtres.

À Drancy, nous ne savions rien de ce qui nous attendait. Certains parlaient de Pitchipoï, le nom d'un pays imaginaire. Une façon de dire qu'on n'en savait rien. D'autres disaient qu'on allait nous renvoyer en Pologne. D'autres encore répétaient : « On ne reviendra pas. » J'avais dit à mon père : « Ne t'inquiète pas, on va travailler dur mais on se verra le dimanche. » Mon père disait : « Toi tu reviendras peut-être parce que tu es jeune, mais moi je ne reviendrai pas. » Quant aux policiers, ils étaient muets.

Un jour, à Drancy, quelqu'un m'a hélée. Il était enfermé en cellule. Sa porte en métal était percée de trous. Il m'a reconnue et s'est exclamé : « Rozenberg. » J'ai répondu : « Oui, c'est mon nom de famille. » « Tu t'appelles comment ? » J'ai dit : « Marceline. » « Je suis Vischel, d'Épinal. Demande à ton père qu'il me donne des cigarettes. Tu me les passeras par les trous. » Je suis allée voir mon père. Je lui ai dit : « J'ai trouvé Vischel, il est enfermé.

Il m'a demandé si tu pouvais lui donner des cigarettes. » Mon père avait réussi à s'en procurer. Je suis revenue avec des cigarettes que j'ai passées par les trous de la porte au nez et à la barbe des Allemands qui, à ce moment-là, n'étaient pas toujours derrière notre dos.

À Drancy, les détenus pouvaient se parler. Sur la place principale, tout le monde se croisait. Les femmes pouvaient voir les hommes. Nous n'étions séparés que pour dormir. Le problème, c'était mon âge. Les gens n'adressaient pas la parole à une gamine.

Un soir, on nous a prévenus : « Vous partez demain à l'aube. On viendra vous chercher. » C'était tout. Je me souviens de l'atmosphère. Silence de mort.

Le lendemain matin, il a fallu monter dans des camions. On nous a transférés à Bobigny. C'était là que nous prenions le train. Changement radical : nous n'étions plus encadrés que par des SS. Il n'y avait plus de policiers français, il n'y avait plus que des SS et des machinistes.

Soudain, tout est devenu plus violent. Beaucoup plus violent. Cela n'avait plus rien à voir. Il a fallu grimper dans le train à toute vitesse. On recevait des coups de schlague. Je suis montée dans le même wagon que mon père. Jusqu'à Birkenau, je suis restée avec lui, à côté de lui.

Les conditions du voyage étaient épouvantables. Nous étions soixante par wagon. Il y avait une espèce de tinette pour y faire ses besoins au vu de tout le monde. C'était l'horreur. On mourait de froid, de chaud, de soif. Très vite, j'ai pris des coups. Je disais tout le temps que j'avais soif. Un jeune homme, déporté comme moi, m'a répondu : « Tu vas te taire, parce que tout le monde a soif. » Il m'a donné une paire de gifles retentissantes. Mon père n'a pas réagi. Il a eu raison.

Dans ce wagon, il y avait un *hazzan*, un chantre de synagogue, qui s'appelait Émile Kaçmann. Certains n'avaient plus le courage de parler, d'autres gémissaient. Lui, il a merveilleusement chanté.

Dans ce wagon, il y avait aussi Ginette, il y avait son père, son neveu, son petit frère. Je l'avais aperçue à la prison des Baumettes et revue deux jours avant, à Drancy. Je l'ai retrouvée dans le camp.

Nous avons roulé pendant deux jours et trois nuits. Ça n'en finissait pas. En pleine nuit, quelqu'un a vu *Katowice* sur un panneau. Mon père a compris que nous étions en Pologne. Nous sommes arrivés cette nuit-là.

Les portes du wagon se sont ouvertes dans un fracas de métal. Des hommes sont montés, ils portaient des tenues rayées. Ils nous ont dit : « Donnez les enfants aux vieillards. Dites que vous avez dix-huit ans. » Ils essayaient de nous sauver la vie. Leur message signifiait : plutôt que de brûler avec votre gosse, ce qui vous attend si vous le gardez, donnez-le à un vieillard qui sera brûlé de toute façon. Nous ne pouvions pas comprendre. C'était la bousculade. « Laissez vos bagages ! Ne prenez rien avec vous ! »

Les gardiens hurlaient, les mitraillettes luisaient dans la pénombre, les chiens aboyaient. Les SS nous traitaient comme de la merde.

Nous nous sommes regroupés par rangée de cinq, les femmes d'un côté, les hommes de l'autre. Mon père a disparu, je l'ai cherché des yeux. Je l'aimais tant que j'avais été presque heureuse de me retrouver dans le même transport que lui.

Je me suis mise en rang avec les autres femmes. Des SS nous regardaient. Ils se sont approchés de nous. Ils nous ont fait ouvrir la bouche. Je croyais qu'ils voulaient voir si j'avais des dents de sagesse. Ils m'ont demandé mon âge. Je me suis entendu dire : « Dix-huit ans. » J'avais retenu la leçon. J'avais compris que je devais mentir. J'avais sans doute l'air assez solide pour qu'ils me gardent.

Mes chaussures me faisaient mal. À celles qui ne voulaient pas marcher, les SS proposaient de prendre un camion. C'était la première sélection. Françoise Frank était à mes côtés. Je lui ai dit : « Je te retrouverai là-bas. » Elle a répondu : « Non, reste avec moi. » Tout le long du chemin, je l'ai engueulée parce qu'elle m'avait forcée à marcher avec ces chaussures. Elle argumentait : « Tu as besoin de te détendre quand même, après trois jours. » Françoise avait six mois de plus que mois. Seize ans à peine. Je l'aimais tant, avec ses grands yeux bleus. Elle n'est pas revenue.

Nous avons marché deux kilomètres dans la nuit noire. On n'y voyait rien. Lorsque j'étais dans le wagon, avant l'ouverture des portes, en jetant un œil par la petite fenêtre, j'avais vu un groupe de femmes avec des foulards rouges autour du cou et des robes rayées. Naïve, je m'étais dit : « Chic, on aura droit à un costume. » J'en avais presque été réconfortée. Je n'avais rien compris. C'était la tenue réservée aux déportées non juives.

Nous avons marché, nous avons encore poireauté pendant des heures. On nous a ordonné de retrousser nos manches. On nous a tatoué une moitié d'étoile de David avec un numéro par-dessus. Nous ne comprenions toujours pas.

« Qu'est-ce qu'ils vont nous faire ? Qu'est-ce qui se passe ici ? »

Nous avons été transférées dans un autre hangar. « Déshabillez-vous. Donnez tout ce que vous avez, vos bijoux, vos papiers, tout. » C'était la précipitation, la violence. Une violence immédiate.

Nous avons déposé toutes nos affaires sur des tables. Ils ont tout pris.

J'ai perdu la petite valise qui contenait la robe de chambre blanche de ma mère.

Plus le temps passait, plus il y avait de violence. On nous hurlait dessus sans arrêt. On cherchait à nous terroriser.

Des femmes nous ont rasé les cheveux, les aisselles, le sexe. Pendant ce temps, des hommes nous regardaient. Ils portaient des mitraillettes en bandoulière. Ils se marraient.

Un engrenage s'est mis en place, incontrôlable. « Mais qu'est-ce qu'ils veulent ? Tu as une idée ? Tu es au courant de quelque chose ? »

Des déportées nous ont montré les cheminées : « Le kommando du ciel. Ils sont déjà en train de brûler. » Nous n'arrivions pas à le croire. Nous étions mille cinq cents dans ce train, je n'en voyais plus qu'une centaine. Où étaient les autres ?

La folie s'est installée : les unes pleuraient, les autres criaient.

Ils nous ont poussées comme un troupeau sous des douches tantôt glacées, tantôt brûlantes. Ils faisaient exprès. C'était pour nous affaiblir, pour que nous ayons peur. Nous n'avions ni savon ni serviette. Nous n'avions plus rien.

Nous étions rasées ou à moitié rasées. Mes cheveux avaient été coupés aux ciseaux, presque à ras. Il n'y avait pas de miroir mais je savais que c'était laid.

À nouveau, on nous a laissées poireauter une heure, deux heures, trois heures, quatre heures, cinq heures, sans manger, sans boire, sans rien. Des SS ont surgi. Rien que des femmes. Elles ont demandé : « Est-ce qu'il y a des couturières parmi vous ? Est-ce qu'il y a des artistes ? » Une fille a répondu : « Moi j'étais petit rat à l'Opéra. » Elles ont réagi : « Ah oui, t'étais petit rat ? Alors, montre-nous ce que tu sais faire. Montre-nous ! Danse ! »

La fille a commencé à danser et, soudain, une voix s'est élevée dans notre groupe. Une merveilleuse voix de femme. Nous étions peut-être cent ou cent cinquante femmes, pas plus. Les autres étaient déjà parties à la chambre à gaz. Nous avons entendu cette voix qui chantait un air de musique classique, peut-être un morceau de Haendel, pour aider la fille à danser. Celle qui chantait s'appelait Sonya. Elle était très belle. Aussi belle que Simone Jacob, peut-être même plus belle. C'est pour ça que je parle souvent d'elle.

Les femmes SS se sont esclaffées. Elles nous ont traitées de « demoiselles de Paris », se sont moquées de nous. « Mademoiselle de Paris », c'était l'expression qu'emploieraient aussi les kapos et certaines déportées, les Ukrainiennes, les Polonaises, pour nous manifester leur mépris. Tout le monde avait l'air de détester les Françaises.

Avec sa voix magnifique, Sonya chantait du Haendel pour que la fille – elle s'appelait Laurette, elle était là avec sa mère – puisse danser. Parce que sans musique on ne peut pas danser.

Quand Laurette eut fini de danser, les SS ont noté son nom. Je ne l'ai plus revue mais j'ai su qu'elle était devenue coursière à l'intérieur du camp, un petit poste relativement protégé. Parmi nous, il y avait aussi des couturières, elles ont dû confectionner les robes des femmes SS.

Moi je n'étais rien. Une simple écolière. Je n'ai pas dansé, je n'ai pas chanté, je n'ai rien dit.

On nous a réparties dans les blocks et on nous a distribué des vêtements que j'ai aussitôt appelés des *shmates*, un mot yiddish qui signifie torchon, ou des *Lumpen*, un autre mot qui veut dire loques, haillons. Pour moi, ce dernier mot avait une connotation particulière : il désignait des vêtements portés par les mortes du camp. C'étaient les haillons des mortes. On m'a donné une jupe qui tombait jusqu'à terre avec un caleçon d'homme couleur kaki plein de taches. J'ai eu honte d'enfiler tout ça. J'ai remonté le caleçon jusqu'au nombril. Je me suis enfoncée dans des chaussures bien trop grandes, l'une à talon haut, l'autre à talon plat. Je crevais de froid. J'ai aussi récupéré une espèce de chandail troué que j'ai appelé « la froidure ».

Nous n'étions pas assez couvertes, nous n'avions plus de cheveux et pourtant certaines se marraient. Moi aussi, en regardant les autres, je me marrais. À Drancy, ces filles étaient encore pleines de prétention. Désormais, elles n'étaient plus rien. Moi, je n'étais qu'une gamine. On me tenait à l'écart. Désormais, tout était égal.

Les kapos ont crié : « *Kaffee holen !* » – Allez chercher le café. Sur le moment, j'ai compris « café au lait ». J'ai vu le breuvage arriver. Un liquide noirâtre, indéfinissable. Nous n'avions même pas de cuillère. Ce breuvage infect, nous avons dû le laper comme des sauvages. Tout cela était destiné à nous amoindrir, à nous humilier.

Tout le temps de la quarantaine, nous sommes restées enfermées dans le camp A des femmes de Birkenau, au block 9. Je n'ai jamais oublié ce numéro.

Après l'appel du matin, les corvées d'humiliation commençaient. Il fallait prendre les pierres à un endroit pour les transporter sur un *Trage*, une sorte de brancard à matériaux, jusqu'à un autre endroit. Il fallait ensuite bien les empiler pour tout défaire aussitôt après et les rapporter à leur premier emplacement. Nous devions aussi porter des sacs de ciment sur le même *Trage*. Ensuite, on nous faisait courir. On nous infligeait des brimades. Cela n'avait pas d'autre but que l'humiliation. Je commençais à comprendre la règle d'or : si tu supportes l'humiliation, tu vivras, si tu ne la supportes pas, tu crèveras.

Du matin au soir, nous étions rouées de coups, traitées comme du bétail. Pour se laver, il fallait se battre. Impossible de rentrer comme on voulait dans le block des robinets. On ne pouvait pas boire l'eau car elle était ferrugineuse. La soif était permanente. Les seuls liquides que nous absorbions étaient la soupe et le prétendu café. Aux toilettes, il y avait toujours une gardienne qui ne nous laissait pas entrer ou qui nous obligeait à nous lever alors que nous n'avions pas terminé.

Près de mille déportées vivaient dans ce block de quarantaine. En avril 1944, Birkenau a reçu un flux permanent de nouveaux arrivants. Le block des femmes était coupé en deux par une cloison. De l'autre côté de la cloison, les filles sélectionnées pour partir au gaz étaient provisoirement parquées. On les entendait hurler.

Très vite, j'ai arrêté de compter les jours de quarantaine. Celles qui tenaient le coup passaient au Lager B, où elles étaient affectées à un kommando. Le Lager A et le Lager B communiquaient, ce qui permettait aux déportées des différents kommandos de venir chercher des informations auprès des nouvelles arrivantes. C'est comme ça que, plus tard, nous avons su que les chars de Leclerc étaient entrés dans Paris. Nous avons alors chanté *La Marseillaise* à voix haute en sortant de notre block.

Je n'étais plus avec Françoise Frank, mais avec Marie et Suzanne, les deux sœurs qui s'étaient réfugiées chez nous à Bollène. Leur mère avait été arrêtée dans la rafle de juillet 1942. Elle faisait partie d'un kommando du Lager B. En venant aux nouvelles, cette femme avait retrouvé ses deux filles. Elle avait appris à se débrouiller dans le camp et parlait polonais. En cachette, elle arrivait à faire passer un peu de nourriture à ses filles. Moi, en revanche, je ne comptais pas et ne recevais rien. Le jour où nous avons été affectées en kommando, elle a récupéré ses filles dans son block et toutes les trois m'ont définitivement ignorée. Les deux sœurs et leur mère ont fini par être transférées dans un autre camp du complexe d'Auschwitz où elles ont connu de meilleures conditions.

Après la guerre, mon frère a épousé Marie, l'une des sœurs. Pour moi, ce fut terrible. Cette fille avec laquelle ma famille avait tout partagé et qui m'avait abandonnée à Birkenau, voici qu'elle devenait ma belle-sœur. Il a fallu soixante ans à Marie pour reconnaître qu'elle avait eu un comportement inqualifiable. À Birkenau, bien sûr, il y avait le « chacun pour soi » du camp, mais il y avait aussi la manière dont on portait ce « chacun pour soi ».

Très vite, dans le Lager A, j'ai rencontré Simone Jacob, qui est devenue Simone Veil. Dans le block, avec sa mère et sa sœur, elle occupait le châlit – le *coya*, comme nous devions dire – qui se trouvait juste en face du mien. Nous étions parmi les plus jeunes. Je l'ai aussitôt repérée. Nous sommes devenues amies. Simone dormait avec sa sœur et sa mère. Moi, j'étais seule et je préférais être seule. Si j'étais arrivée avec mon petit frère ou ma petite sœur, je serais passée directement à la chambre à gaz. Je me disais aussi : « Ce doit être pénible d'être ici avec sa mère. » Une mère qui dit ce qu'il faut faire et ce qu'il ne faut pas faire, au camp, c'est le comble. Pourtant,

Simone, sa sœur et sa mère avaient une dignité extraordinaire. Pour nous toutes. Leur éducation nous en imposait. Je vois encore Mme Jacob, la mère de Simone, je l'ai dans les yeux, je ne l'ai jamais oubliée.

Dans les *coya*, nous dormions sur des paillasses pourries avec des couvertures pourries. Parfois, il n'y avait que deux couvertures pour tout le monde, infectes et grouillant de saleté. Chaque matin, il fallait plier ces couvertures et les poser bien à plat au bout du *coya*, avec un pli réglementaire, comme à l'armée. Une seule couverture devait recouvrir le *coya* sur toute sa largeur et descendre en angle droit pour finir horizontalement sur la planche. Les Allemands ont toujours eu le goût de l'ordre.

Un matin, une idée m'est venue. Après l'appel, quand les chefs de block partaient faire leur rapport, une autre fille devait pouvoir me recouvrir avec la couverture. J'ai fait l'expérience une première fois. Ma petite taille m'a permis de me dissimuler sous la couverture. Le kommando du jour est parti sans moi. J'ai incité Simone à se cacher, elle aussi. Notre but était d'échapper aux corvées.

Une fois, nous nous sommes donc cachées ensemble et nous sommes parties après le départ du kommando. Nous avons quitté le block et nous nous sommes aventurées dans le camp. Nous avons été attirées par des blocks de bois peints en vert, différents du nôtre, construit en briques. Aujourd'hui, les seuls qui subsistent à Birkenau sont en briques, les blocks en bois ont été détruits par les Polonais qui ont récupéré les planches.

Nous sommes passées devant l'un de ces blocks en bois. La porte était ouverte. Nous avons vu des châlits plus spacieux et des couvertures de bien meilleure qualité que les nôtres. Nous avons entendu des femmes parler français. Nous nous sommes dit : « Oh, ben dis donc, il y a des Françaises ici. » Spontanément, comme des gamines, nous sommes rentrées dans le block. Une femme est arrivée, sans doute la préposée à la surveillance de la porte. Elle nous a dit : « Fichez le camp, sales Juives. »

Nous étions tombées sur le block des deux cents communistes françaises. Elles allaient être transférées à Ravensbrück, un camp où il y avait des épidémies de typhus, des coups, des travaux pénibles, mais pas d'extermination, pas de Solution finale. Nous, on faisait partie de la Solution finale.

Au début, nous avions encore de l'endurance, nous étions mal nourries depuis plusieurs semaines, mais il nous restait un peu d'énergie. Au fil des mois, nous sommes devenues des *Lumpen*, des haillons humains. Nous ne savions plus où nous étions. Une force inconnue nous permettait de tenir. Une fois que nous l'avions sentie, cette force, nous devenions capables de tout.

À l'arrivée, j'avais encore un poids normal, mais mon corps a changé. À Birkenau, je ne pouvais pas me regarder dans le miroir ni me peser. Au bout d'un mois, je devais peser à peu près trente kilos. Pourtant, je ne suis pas devenue ce qu'on appelait une « musulmane », une déportée à la frontière de la mort. La force intérieure me permettait de continuer.

La faim et la soif me transformaient en profondeur. Mon cerveau ne fonctionnait plus de la même façon. Je ne me rappelais plus le visage de ma mère, je ne me rappelais plus le nom de mon petit frère. Je faisais des cauchemars. Nous dormions à huit, en chien de fusil. On nous réveillait à quatre heures du matin. Comme on dit en anglais, nous étions *high*, comme des droguées.

J'étais l'une des plus jeunes du camp. Contrairement à d'autres, je n'étais pas mariée, je n'avais pas d'enfants, je n'avais pas de fiancé. Je n'avais rien vécu. Quelques mois auparavant, j'étais une gamine dormant chez ses parents. Et voilà qu'il fallait tenir, survivre. Il fallait survivre le plus longtemps possible devant cette cheminée qui crachait sa fumée jour et nuit.

Beaucoup, cependant, avaient envie d'en finir. J'y pensais, moi aussi. Nous souffrions trop.

Une grande violence s'était abattue sur nous. Elle s'installait dans nos cœurs, dans nos relations.

Au bout de quelques mois, je me suis mise à faire le même rêve : ma mère préparait un pot-au-feu si copieux qu'il remplissait une baignoire, avec du bouillon jusqu'à ras bord. Dans ce bouillon, elle faisait cuire des raviolis juifs, des *kreplekh*. J'entrais dans cette baignoire et je mangeais tous les *kreplekh*.

Dans le Lager B, j'ai été affectée au kommando 109, avec Françoise Frank. Nous travaillions ensemble. Nous cassions des cailloux, nous transportions des pierres. Au bout d'un mois, nous avons dû creuser des tranchées pour construire la route qui menait au crématoire numéro 5. Pendant l'été 1944, on nous apportait la soupe sur le chantier au moment où le soleil atteignait son zénith. Alors que nous avions déjà perdu le sens du temps et du passage des jours, j'ai appris à lire l'heure en regardant le ciel.

Le monde des déportées était très compartimenté. Les Polonaises non juives étaient à part. Les Ukrainiennes aussi. Toutes n'avaient pas de responsabilités officielles, mais elles avaient autorité sur les Juives. Elles se montraient excessivement dures. Quant aux Juives, il était très rare qu'elles exercent la moindre responsabilité. Aucune, bien entendu, ne devenait kapo, ni même sous-kapo. Le pire qui puisse arriver à une déportée juive, c'était de se retrouver dans un block de Polonaises, car elle devenait leur souffre-douleur. Même le fait d'être isolée dans un block de Néerlandaises était extrêmement dangereux. Hors de sa langue et de son origine, on dépérissait. Dans mon block, j'étais entourée de Françaises arrivées par le même transport que moi.

À Auschwitz-Birkenau, il y avait vingt-huit nationalités. La dernière langue à arriver dans le camp fut le ladino, une forme ancienne d'espagnol datant d'avant l'invention de la *jota*, au XVIIIe siècle. Aujourd'hui, je comprends encore parfaitement cette langue. C'est celle des Juifs d'Istanbul, on la parlait aussi à Marseille. J'ai l'impression de l'avoir toujours sue.

Nos conversations étaient limitées. Nous étions surveillées en permanence et nous n'avions plus d'énergie. Au cours d'une interview, Simone Veil a dit que les filles parlaient de leurs histoires d'amour. Certaines en parlaient. Elles ressassaient leur vie amoureuse, comme pour la prolonger. Mais le grand sujet restait la nourriture. Beaucoup s'échangeaient des recettes. Au camp, alors qu'il n'y avait rien à manger, j'ai appris à préparer la blanquette de veau. Aujourd'hui, je me sers toujours de la recette de Birkenau. Ces sujets de conversation étaient cependant réservés aux femmes mariées. À mon âge, je n'étais pas censée parler de recettes, ni d'amour. Dès qu'elles se racontaient leurs histoires, les filles parlaient entre elles. « Marceline, va-t'en. Ce n'est pas pour toi. »

Pour ce qui est de vraies histoires d'amour, je n'en ai jamais vu à Birkenau. De toute façon, elles ne pouvaient concerner que les privilégiées, les cheffes et les sous-cheffes de block, bien mieux nourries que nous. Celles-là nous mangeaient la moitié de notre nourriture et bénéficiaient de leur petit espace privé, leur chambre à l'entrée. Elles y faisaient dormir leurs *pipel*, des gamines qui vivaient sous leur protection. J'avais très peur de devenir une *pipel*. Cependant, la prostitution devait être rare. Les relations sexuelles avec les Juives étaient interdites aux Allemands.

J'étais si jeune et si vulnérable. Je ne connaissais rien à la vie et j'apprenais trop vite. Je savais tout de la mort et rien de l'amour. Dans les camps de résistantes, on a parlé de relations homosexuelles ; moi, à Birkenau, je n'ai rien vu. Il n'y avait pas assez de vie, pas assez d'âme pour cela.

La plupart des Allemandes non juives accédaient à des responsabilités. Elles devenaient cheffes ou sous-cheffes. C'étaient souvent des condamnées de droit commun qui devaient purger de lourdes peines. Certaines avaient tué des enfants. Avec nous, elles étaient d'une grande brutalité. Quant aux Juives allemandes, je n'en ai pas rencontré. Elles avaient dû être déportées et mourir avant mon arrivée.

En juin 1944, nous avons vu arriver les Hongroises, à raison de huit à dix transports par jour. Elles faisaient la queue devant les crématoires. Nous les avons vues, nous avons vu leurs gosses. Même à cinquante ou soixante-dix mètres, nous pouvions tout voir.

En arrivant au Lager B, je suis tombée malade, avec de violents accès de fièvre. J'avais peut-être été contaminée par les moustiques des marais voisins, car Birkenau était bâti sur des marécages.

Ma hantise était d'aller au *Revier*, l'hôpital du camp. Cet endroit m'apparaissait comme l'antichambre de la mort. Pour y survivre, il fallait bénéficier d'une protection, peut-être même parler l'allemand. Je le comprenais, grâce au yiddish, mais ne le parlais pas.

Ma fièvre est montée à 40 degrés. Je redoutais que la cheffe de block ou l'une des kapos ne s'en aperçoivent. Je partais quand même au travail, soutenue par des camarades. Elles ont découvert un trou au bord de la route que nous construisions. Elles ont déniché un bout de planche et, pour me faire échapper à la surveillance des kapos, elles m'ont cachée au fond en me recouvrant avec la planche.

Pour me soigner, Françoise Frank a réussi à trouver de la quinine, elle l'a échangée contre mes rations de pain et les siennes. Les autres se sont aussi dévouées de façon extraordinaire. Comme j'étais très petite et, à l'appel, toujours placée au premier rang, je risquais, dans mon état, d'attirer l'attention des SS. Alors, mes amies ont tout fait pour m'introduire dans les rangs de l'arrière, moins exposés aux regards des SS, et là, elles me juchaient sur des briques. L'une me tenait les mains, une autre me soutenait le dos pour que je ne m'effondre pas.

La mort était complètement entrée dans nos vies. Mes camarades tombaient sans cesse autour de moi. Chacune pensait que, tôt ou tard, elle allait mourir. Nous en avions oublié ce que c'est que le deuil. Pleurer la mort d'une autre nous aurait fait mourir. Il fallait à la fois tout voir et ne rien voir.

Mon amie Françoise avait gardé ses cheveux. Elle était restée belle. Un garçon gitan qui creusait la tranchée non loin de nous est tombé fou amoureux d'elle. Il lui apportait des rations de pain qu'elle partageait avec moi. À nos yeux, ces Gitans étaient des privilégiés. Ils étaient restés en famille, ils avaient pu garder leurs valises. Un jour, le garçon gitan a disparu. En une nuit, les trente-quatre mille Gitans de Birkenau ont disparu. Cette nuit du mois d'août, je ne l'ai jamais oubliée.

À moi aussi, une fois, un homme a lancé un morceau de pain. Il s'est un peu approché et m'a dit « Rozenberg ». C'était un ami de mon père.

Il m'avait connue petite fille. Il avait pris sur sa ration. Nous avons mangé le bout de pain ensemble.

Mon père n'était pas à Birkenau, mais à Auschwitz, à moins de trois kilomètres. Au bout de quelques mois, nos kommandos de travail se sont croisés. Je l'ai senti arriver avant même de pouvoir le reconnaître. J'ai hurlé : « Papa ! » Nous nous sommes jetés dans les bras l'un de l'autre. Il était extrêmement maigre. Dans mon kommando, certaines filles ont fondu en larmes, mais tout le monde devait continuer à avancer. Un SS s'est précipité sur moi et m'a frappée sauvagement en me traitant de putain. « Mais c'est ma fille ! » a crié mon père. J'ai juste eu le temps de lui donner le numéro de mon block avant de m'évanouir sous les coups. Quand je suis revenue à moi, j'ai trouvé un oignon dans un pli de mon vêtement. Mon père avait eu le temps de l'y glisser. Ce légume était un luxe extraordinaire.

Le lendemain, vers cinq heures et demie du matin, nous sommes reparties au travail. J'ai à nouveau croisé mon père, mais la scène de la veille nous avait rendus prudents. Il ne s'est pas approché. Nous ne nous sommes plus jamais revus.

Un jour, Françoise et moi faisions la queue pour aller à l'étuve. Le règlement l'imposait, mais c'était aussi une nécessité. Un simple pou pouvait entraîner la mort. Le typhus n'épargnait personne, pas même les SS. Dans cette file d'attente se trouvait une petite Polonaise qui remplissait la fonction de *Läuferin*, de coursière du camp. Elle s'est approchée de moi, elle m'a regardée. Peut-être était-elle touchée par ma petite taille. Elle était aussi petite que moi. Elle m'a dit : « Donne-moi ton numéro. » Derrière moi, Françoise m'a soufflé à l'oreille : « Dis-lui que je suis ta sœur. » Je n'ai rien dit. Pourquoi ce silence ? Toute ma vie, j'ai fait des cauchemars au sujet de Françoise. Elle n'est pas revenue. Moi, j'ai été choisie pour aller au Canada.

Bien des années plus tard, des camarades ont fait la lumière sur cet épisode et m'ont dit :

« Tu confonds tout. Tu te sens coupable de la mort de Françoise alors que, pour partir au Canada, nous avons été choisies dans les rangs, cela n'a rien à voir. »

D'autres amitiés sont nées. Parmi les déportées de mon block, il y avait une marchande des quatre-saisons qui travaillait avant la guerre boulevard des Batignolles. Elle était arrivée par le même transport que moi. Après la Libération, elle a repris le même emplacement sur le même boulevard.

Malgré les changements de kommando, j'ai retrouvé Ginette Cherkasky, devenue Ginette Kolinka après la guerre. Plusieurs fois, je l'ai retrouvée. Est-ce parce que nos numéros se suivaient ? C'est avec elle que je suis partie à Bergen-Belsen.

Quant à Simone Jacob, elle est partie en juillet 1944 au camp de Bobrek, à huit kilomètres de Birkenau. Ce transfert qui lui sauvait la vie, elle le devait à une sous-cheffe du camp, une Ukrainienne nommée Stenia. À Bobrek, Simone a travaillé dans une usine de la firme allemande Siemens. Les conditions de ce petit camp étaient complètement différentes. Il n'y avait plus ni sélections ni chambres à gaz. Simone, je l'ai retrouvée à Bergen-Belsen, peu avant la mort de sa mère.

J'ai donc été choisie pour aller au Canada et cela m'a sauvé la vie. Pourquoi ce nom, Canada ? Pour les Polonais, ça équivalait à quelque chose comme « le Pérou ». Chaque jour, ce block se remplissait de vêtements confisqués aux nouveaux arrivants et nous devions les trier. Un matin, dans une couture de robe, j'ai trouvé une pièce d'or. Je l'ai rapportée clandestinement dans mon block et l'ai cachée dans mes frusques. C'était mon trésor.

Au Canada, nous travaillions sous un toit et c'était cela le plus important. Nous n'étions plus exposées aux intempéries. Nous arrivions à voler quelques petits vêtements, parfois une brosse à dents ou une cuillère. Une cuillère, dans le camp, valait une ration de pain. À Birkenau, il existait même une bourse du commerce : après les appels, qui pouvaient durer deux ou trois heures, on troquait de minuscules marchandises avec une prudence extrême. La ration de pain servait de monnaie, mais exceptionnellement, il pouvait s'agir d'un *Zulage*, d'un supplément : une cuillerée de confiture de betteraves, une portion de margarine ou même un morceau de saucisson de couleur grisâtre. Tout cela pouvait être échangé contre des objets volés au Canada.

Le morceau de savon faisait aussi partie des objets convoités. Se tenir propre était un défi quotidien. Le fameux caleçon couleur kaki qui m'avait été attribué à mon arrivée est devenu, avec le temps, providentiel. Chaque jour, il raccourcissait un peu. J'en déchirais un petit bout pour m'essuyer aux toilettes.

Le Canada était un lieu de passage. On y recevait parfois des messages. Un jour, j'ai vu arriver un électricien chargé de réparer les maigres ampoules des blocks. Il avait le droit de circuler librement. Il s'est approché de moi et m'a appelée par mon nom. « J'ai un mot de ton père. » Moi, je n'avais rien pour écrire, rien pour répondre. Tout cela se passait à toute allure et en cachette. Avec le temps, j'ai oublié le contenu de ce mot. Ce furent les dernières nouvelles de mon père. À cet homme inconnu, j'ai donné ma pièce d'or, mon trésor, pour qu'il la partage avec lui.

Chaque soir, à la sortie du Canada, les SS nous fouillaient. Les premières à sortir étaient souvent les plus contrôlées. J'essayais de me faufiler parmi les dernières. Mes chaussures trop grandes me servaient à cacher des affaires. Un jour, la cheffe de block m'a dit : « Alors, tu travailles au Canada et tu m'as rien rapporté ? » Je n'avais pas le choix, le lendemain je lui ai rapporté une nappe dissimulée sous mes vêtements. Elle a servi à décorer sa petite chambre, cette pièce à l'entrée, minuscule, qui nous semblait paradisiaque.

Très vite, au Canada, le régime s'est durci. On nous a accusées de voler des vêtements. Nous avons été punies. Je suis partie dans un autre kommando, beaucoup plus dur, appelé le « kommando des pommes de terre ». Dans ce nouveau kommando, je travaillais avec une petite Grecque. Nous devions porter des sacs de pommes de terre sur des brancards très courts et très lourds. Derrière moi, sur mes talons, il y avait un SS, une schlague à la main, avec son chien. Il cherchait à me faire avancer plus vite, il aboyait : « Pousse-la, tu vois bien qu'elle marche pas. » Il me bousculait violemment et je ne pouvais pas faire autrement que de pousser la petite Grecque. Nous l'avons fait trébucher jusqu'à ce qu'elle s'écroule. Finalement, le SS l'a achevée.

À celles qui, plus tard, m'ont dit « Moi, au camp, je n'ai rien fait », j'ai répondu « Tu as oublié ce que tu as fait. Tu l'as peut-être fait sans le savoir. Tu as peut-être volé une paire de chaussures à quelqu'un et il en est mort. Nous avons tous fait ça. Moi, je le sais, je le reconnais, mais je ne me sens coupable de rien, ce sont eux les coupables ».

L'image de cette petite Grecque tombée à terre est restée enfouie au fond de moi. Elle revient sans raison, hors de tout contexte. Ce sont des images plus profondes que les souvenirs. J'ai toujours un camp dans la tête, avec des images élémentaires. Celle de la boue, par exemple. Il y a la boue et l'horreur du lieu. Il y a l'image de ma main tendue hors d'un trou, espérant que quelqu'un la saisisse, et dans ce rêve qui revient sans cesse, quelqu'un prend ma main et me tire hors du trou.

En octobre 1944, le jour de Kippour, je suis à nouveau tombée très malade. J'ai décidé de jeûner. Je me disais que cela pouvait m'aider à retrouver des forces. Peut-être aussi que Dieu allait faire quelque chose. Je connaissais plusieurs prières catholiques par cœur, mieux que les prières juives. Je les avais apprises en prévision de la clandestinité, pour mieux ressembler à une petite catholique.

En octobre 1944, j'ai jeûné pour la première fois de ma vie. Je croyais vraiment que Dieu allait faire quelque chose. Il était impensable qu'il ne fasse rien. Il fallait que quelque chose se passe. Dieu n'a rien fait. J'ai cessé de croire en lui pour toujours.

Longtemps, j'ai occulté la période du kommando des pommes de terre. Cinquante ans plus tard, une fille m'a retrouvée. Elle est venue me voir à Paris et je l'ai invitée à dîner chez Lipp. Elle m'a dit : « Tu te rappelles ce kommando où l'on creusait les tranchées pour arroser de pétrole les cadavres des Hongroises ? À ce moment-là, il n'y avait plus de place dans les crématoires. » J'ai répondu : « Non, je ne m'en souviens pas, je n'ai jamais fait cela. » Elle m'a donné tous les détails de ce travail, de cette crémation. J'ai affirmé : « Ce n'est pas vrai, nous creusions près des cuisines. » C'était elle qui avait raison. J'avais effacé le souvenir des tranchées des Hongroises.

C'est comme cela que fonctionne la mémoire, avec des failles. Pour continuer à vivre, il faut oublier, sinon on meurt. On se dit : Tu as commis des horreurs ; toi aussi, tu as participé à l'extermination.

Chez les déportés survivants, les souvenirs sont parfois incertains. Il faut les prendre comme ils viennent. Moi, je suis sûre de mes souvenirs. Je me souviens des mauvaises actions autant que des bonnes. Je n'oublie rien des circonstances. Je n'ai pas honte de parler de ce que je crois avoir commis de mauvais et même d'atroce. Ce qui est mal est aussi important, et même plus important que ce qui est bien. Je me dis souvent : « Tu as été bonne une fois, mais tant de fois tu as été du mauvais côté, tu as commis des saloperies. » Il y avait tant d'occasions au camp de commettre des saloperies. Les travaux épouvantables que j'ai dû accomplir à la fin m'apparaissent aujourd'hui comme des saloperies, même si je n'avais pas le choix. J'ai creusé des trous pour brûler les Hongroises, je n'avais pas le choix et je l'ai fait. J'avais le sentiment de commettre le mal, car c'était une façon de participer à la mort des autres.

Certaines filles ont dit non. Elles sont parties à la chambre à gaz. Moi, je n'ai pas dit non.

Après l'assassinat des Hongrois, en octobre, un *Sonderkommando* s'est révolté. Ces hommes, qui étaient chargés de ramasser les cadavres, s'étaient procuré de la poudre. Ils ont fait sauter un four crématoire. Certains ont été tués sur-le-champ, d'autres ont été capturés, exécutés. Cette destruction du *Sonderkommando* rebelle, je l'ai vue, avant de quitter Birkenau.

Fin 1944, les troupes soviétiques se sont rapprochées. Nous avons été évacuées d'Auschwitz-Birkenau. Nous ne comprenions pas ce qui se passait. Nous avons subi une dernière sélection devant Mengele. Juste avant, nous nous étions pincé les joues pour avoir bonne mine. Nous étions nues, avec nos *Lumpen* à la main, ces vêtements qui me paraissaient pires que ceux des clochardes. Si nous avions été de vraies clochardes, nous aurions au moins pu superposer trois pull-overs l'un sur l'autre. Nous n'avions même pas trois pull-overs, nous n'avions rien.

Pendant cette sélection, il y avait des kapos, des SS, peut-être d'autres médecins. Comment savoir. Cela se passait dans la partie du bois de bouleaux, pas loin du chemin de fer, là où, plus tard, j'ai tourné mon film. Les *Lumpen* que nous portions servaient à cacher nos blessures et nos infections. Nous avons défilé nues devant Mengele qui nous tournait et nous retournait avec l'extrémité d'une badine. Les unes étaient placées à droite, les autres à gauche. Moi, je suis restée à la place qu'on m'avait attribuée, ce qui n'était pas dans mes habitudes. Au camp, j'essayais toujours de changer de place, mais pendant les sélections, mieux valait ne pas bouger d'un centimètre. J'essayais d'évaluer l'état des corps dans mon groupe. Des corps malades, difformes, d'une grande maigreur. J'étais peut-être du mauvais côté. Finalement, j'ai eu raison de ne pas bouger. C'est l'autre groupe qui est parti à la chambre à gaz.

Ensuite, on nous a entassées à cent vingt par wagon, dans des conditions épouvantables. Dans mon wagon, une vingtaine de déportées sont mortes pendant le transport. J'ai voyagé à côté de mon amie Renée. Il y avait beaucoup d'autres Françaises, immatriculées 78 000 mais aussi 75 000, c'est-à-dire arrivées en 1943 ou début 1944. Certaines avaient déjà passé plus d'un an à Birkenau. Elles avaient survécu. Plus tard, on a dit que six mois étaient une moyenne de survie. Pour moi, ça avait été neuf mois.

C'était en plein hiver. Nous sommes arrivées dans un endroit planté de grands pins. Nous avions le sentiment de ne pas être loin de la mer, mais nous ne savions pas de quelle mer. Avant d'entrer dans le camp, nous avons marché plusieurs kilomètres dans le froid. Il n'y avait pas de baraques, on nous a entassées sous de grandes tentes. Nous étions huit cents, nous étions mille. La nuit, une violente tempête s'est déchaînée et tout nous est tombé sur la figure.

On nous a ensuite parquées dans un block. Je me suis retrouvée avec les mêmes Françaises déportées avec moi depuis le premier jour. À Bergen-Belsen cependant, le régime était complètement différent. Nous devions nommer nous-mêmes notre cheffe de block et nous avons choisi une Française qui parlait bien l'allemand. Elle s'appelait Anne-Lise Stern, une future psychanalyste.

À Bergen-Belsen, nous souffrions de la faim, mais cela n'avait rien à voir avec Birkenau. Il n'y avait pas de travail forcé, seulement des corvées de nettoyage. Nous sortions de cette panique des chambres à gaz que nous ressentions sans même les voir. Nous sortions de cette horreur que nous découvrions par petits bouts, en imaginant ce qu'on ne nous montrait pas.

Sitôt arrivées à Bergen-Belsen, nous avons commencé à nous renseigner. Nous posions la question à de vieilles *Häftlinge*, des déportées qui étaient là depuis longtemps. « Est-ce qu'il y a des sélections ? Des chambres à gaz ? » Elles ne comprenaient pas. Des prisonniers de guerre nous racontaient tout ce qu'ils savaient. Nous avons saisi la différence entre un camp de concentration et un camp d'extermination.

Un jour, je suis arrivée à voler un *Kübel*, une marmite de vingt-cinq litres de soupe. Anne-Lise, la cheffe de block, m'en a voulu. Elle m'a ordonné d'aller le rendre, en m'expliquant qu'on ne pouvait pas priver les déportés d'un autre block. Je lui ai dit : « Tu te fiches de moi ? Ce *Kübel*, il faut le garder et le partager avec tout notre block. » Si j'allais le rendre, je risquais d'être prise. Très fière, j'ai ajouté : « Moi, j'aurai droit à une double ration. » Quand je suis venue me servir, il n'y avait plus rien. Ma part avait été volée. Anne-Lise m'a dit alors : « Maintenant tu vas aller le rendre. » Hors de question. J'ai abandonné le *Kübel* entre deux blocs.

J'étais prête à recommencer, à voler un autre *Kübel*. La peur m'avait quittée. Même en face des gardiens, au fond de moi je me disais : « Tu peux me regarder de haut, tu ne m'auras pas. »

Il faut dire qu'à Bergen-Belsen les Allemands ne se comportaient pas de la même façon que les SS et les kapos de Birkenau. Ils ne passaient pas leur temps à nous frapper. Plus tard, avec les marches de la mort et les grandes évacuations, les autres nous ont rejoints. Le SS Kramer a repris le commandement du camp de Bergen fin janvier. En attendant, nous avons eu deux mois de répit.

Au cours de l'hiver 1945, le typhus s'est propagé dans le camp. Comme il n'y avait pas de crématoire, les cadavres s'accumulaient partout. Les « transports » en provenance d'autres camps se multipliaient. Bergen-Belsen est devenu un camp surpeuplé. Plus le temps passait, moins il y avait de nourriture. En février 1945, j'ai retrouvé Simone Jacob, sa sœur et sa mère. La mère de Simone était mourante. Toutes trois étaient entassées dans des baraques abominables, sur des paillasses jetées à même le sol.

Ce même hiver, les Allemands ont cherché à évacuer les déportées encore capables de travailler. Un convoi est parti pour le camp de Raguhn, en Saxe, où se trouvait une usine Junkers fabriquant des avions de chasse. Nous étions environ huit cents femmes venant de Bergen-Belsen pour travailler dans ces usines de nuit et de jour. Pour les Allemands, c'était le début de la débâcle, il fallait compenser les pertes de main-d'œuvre. Nous entendions les bombardements des Britanniques. Nous étions heureuses. Au début, les Allemands, ouvriers ou SS, nous ont interdit l'accès aux abris, puis ils nous ont autorisées à les rejoindre.

Le camp de Raguhn était en partie administré par des paysannes de la région. Elles nous ont trouvées mal vêtues et nous ont distribué des robes rayées. Elles nous ont donné du fil pour ajuster les robes à notre taille. Tout d'un coup, quelque chose d'humain a refait surface. Elles nous ont aussi distribué de gros pains. Nous avons reçu chacune un demi-litre d'une soupe qui nous paraissait meilleure que celle de Birkenau. J'ai partagé mon pain avec mon amie Marie, qui dormait dans le même châlit que moi. Nous avons tout mangé le jour même, avant d'apprendre qu'il s'agissait de la ration d'une semaine.

À Raguhn, le travail durait douze heures par jour. Levées à quatre heures du matin, nous partions dès six heures et nous y restions jusqu'à six heures du soir, avec une pause pour manger. Ce travail pouvait avoir lieu de nuit, de six heures du soir à six heures du matin. Je découpais des pièces à moteur sur une fraiseuse plus grande que moi. J'étais assise sur un petit banc. Un jour, ma main a été emportée, la lame m'a laissé une profonde entaille.

Lorsque nous traversions le village voisin du camp, les enfants nous jetaient des pierres et nous traitaient de « sales Juives ». La population n'avait aucune compassion pour nous. Une fois pourtant, peut-être apitoyé par ma petite taille, un travailleur civil allemand a fait un geste. Cela se passait dans un atelier. Il m'a dit : « Dans le tiroir, là-bas, il y a quelque chose pour toi. » C'était un cornet d'épluchures de pommes de terre. Je les ai partagées avec Marie.

À Raguhn, plusieurs catégories de détenus coexistaient. Il y avait non seulement des travailleurs civils mais aussi des prisonniers de guerre et des travailleurs du STO. Chacun travaillait de son côté. Moi, je ne croisais que des déportés.

Ce régime de faveur n'a duré que deux mois. À la fin de l'année, les SS du camp de Birkenau sont revenus. Brutalement, les règles ont changé. On nous a infligé des appels nocturnes.
Fin janvier 1945, nous en avons subi un, particulièrement éprouvant, les pieds dans la neige. Les bombardements, de plus en plus fréquents, nous donnaient de l'espoir. Cette fois, tout le monde pouvait y passer, les SS aussi.

Les Américains se rapprochaient. Ils n'étaient plus qu'à dix-huit kilomètres. Certains cherchaient à s'évader, les gardiens couraient dans tous les sens.

J'ai vu des cercueils entreposés dans une remise. J'ai proposé à Marie de s'y cacher avec moi. Par peur, elle a refusé. Renée a accepté. Nous nous sommes cachées tête-bêche dans le même cercueil, chacune avec son bout de pain. Au bout de quelques heures, le camp est devenu silencieux. Nous pensions que les Américains étaient sur le point d'arriver. Nous avions oublié que toute évacuation était précédée d'un appel. Notre absence avait été signalée. Les SS et les kapos sont revenus, ils ont fouillé le camp et nous ont trouvées dans le cercueil. Nous avons été sauvagement battues puis embarquées dans un camion. Autour de nous, le paysage entier brûlait.

Pour nous punir, les SS nous ont enfermées dans le dernier wagon, celui des malades du typhus. J'ai voyagé avec quinze cadavres superposés à côté de moi. Le train a roulé pendant des jours et des nuits. Nous mourions de faim et de soif.

Nous buvions l'eau qui servait à refroidir la locomotive, quand le machiniste voulait bien nous en donner. Sur le cadavre de ma voisine, j'ai découvert un morceau de pain. J'ai hésité avant de le prendre, je me suis dit : « Attends la nuit. Il faut aussi en donner à Renée. Mais il faut lui dire de fermer sa gueule. » C'était terrible de prendre le pain d'une morte. Même dans ce wagon, au milieu des cadavres, il restait une trace de l'éducation reçue. Cette éducation prévoyait aussi le partage. Chez nous, pendant les fêtes juives, il y avait toujours une place pour l'invité imprévu. Dans le wagon, j'ai donné une part de mon pain à Renée.

Nous avons passé plusieurs jours dans ce wagon. Il y avait de longs arrêts où, lorsque les portes s'ouvraient, nous tentions de cueillir des pissenlits sur les bas-côtés. On entendait toujours le fracas des bombardements.

Quelques jours plus tard, ce fut comme si le train roulait tout seul. Nous avions l'impression que les Allemands s'étaient enfuis. Le convoi est arrivé à Theresienstadt. C'était mon quatrième camp. Les portes se sont ouvertes. Sur le quai, nous étions face à des gens habillés en civil. Cette fois, les Allemands avaient quitté la place.

Depuis des années, Theresienstadt était plutôt une sorte de ghetto de transit. Nous, nous revenions des camps d'extermination et ressemblions à des zombies. On est allés nous chercher du pain et du sucre, aliments que nous n'avions pas vus depuis des mois. Celles qui descendaient des wagons se sont ruées sur la nourriture et même battues entre elles. Je mourais de faim, mais je ne me suis pas battue, je n'y arrivais plus.

Renée était atteinte du typhus. Elle était si malade qu'on l'a conduite directement à l'hôpital. Elle avait tout juste seize ans.

On nous a aspergées de DDT, on nous a nettoyées, donné des vêtements. Un peu plus tard – miracle –, nous avons reçu des colis de la Croix-Rouge.

Le 10 mai 1945, par la fenêtre de mon dortoir, j'ai vu passer un homme à motocyclette avec un drapeau rouge. Les Soviétiques arrivaient. Nous étions trop épuisés pour éprouver la joie de la Libération. Deux mois de plus et personne ne revenait. Certains disaient : « Attention aux Russes ! » Moi, je leur étais reconnaissante.

L'Armée rouge nous a ravitaillés avec de la soupe d'orge. D'autres colis sont arrivés par la Croix-Rouge. On nous recommandait de ne pas trop manger, pas trop vite, mais personne ne suivait le conseil. Je n'arrivais pas à partager la joie générale. Mon père n'était pas là. Je n'avais aucune nouvelle. Autour de moi, le typhus faisait rage et les malades mouraient.

Les Soviétiques nous ont mis en quarantaine. Nous ne savions pas quand nous serions rapatriés. Une camarade m'a dit : « Il y a des prisonniers de guerre, ils ont un camion, ils nous proposent de nous évader avec eux en douce. » Ce devait être le 20 mai 1945. J'ai mis quelques vêtements dans un sac et je suis partie dans le camion avec ces prisonniers de guerre français si respectueux à notre égard. Nous leur avons raconté Birkenau. Ils ne comprenaient pas ce que nous disions.

Nous avons roulé vers Prague tandis que les troupes russes repartaient vers le nord pour liquider une poche de résistance. Comme nous devenions un obstacle sur leur route, les Soviétiques nous ont arrêtés et ont fait basculer le camion sur le bas-côté. Nous nous sommes retrouvés à pied, derrière de longues files d'Allemands qui se rendaient. Tout le monde marchait ensemble : des troupes allemandes, des paysans qui rentraient chez eux, des charrettes, des gosses. Nous.

Le long du chemin, nous retrouvions la soupe d'orge perlé dans les cantonnements soviétiques. On entendait de la balalaïka dans les villages. Nous montrions notre numéro, nous disions que nous sortions d'un camp. Nous étions vingt-trois à porter un numéro, cela impressionnait.

Nous avons parcouru soixante kilomètres à pied jusqu'à Prague.

Si j'étais restée à Theresienstadt, sans écouter les rumeurs qui disaient que les Russes allaient nous garder en quarantaine à cause du typhus, je serais rentrée en avion comme les autres. Je n'ai pas voulu attendre. J'ai sauté sur l'occasion et j'ai mis près de deux mois à revenir en France.

Cette marche vers la Russie, que Primo Levi a racontée dans *La Trêve*, moi je l'ai faite vers Prague. Avant mon arrestation, j'avais été opérée d'une hernie ombilicale. Au camp, ma plaie s'était rouverte. J'ai marché avec une compresse de tissu.

Un autre livre, *Le garçon qui voulait dormir* d'Aharon Appelfeld, me rappelle cette route interminable. C'est l'histoire d'un garçon qui marche pendant un long exode. Il est censé marcher avec les autres, mais il dort, il marche en dormant. On ne l'abandonne pas, les autres le transportent. Il ne peut pas se réveiller.

Depuis la fin de Birkenau, je vivais loin des gaz, c'était le paradis. De cette route vers Prague, je ne garde pas de souvenirs précis. La souffrance du camp était si énorme qu'elle a effacé le reste.

À l'époque, Prague était une ville aux maisons sales et sombres. Elle m'a semblé merveilleuse. Je sentais la vie revenir. On nous a installés dans le dortoir d'un lycée. J'y ai rencontré un médecin de l'armée française. J'ignore ce qu'il faisait dans cette ville occupée par l'Armée rouge, mais il m'a soignée, m'a posé un pansement et enroulé un bandage autour du ventre.

Dans ce lycée, la vie s'est organisée. Les prisonniers de guerre allaient aux renseignements. Pour eux, la vie repartait sur ses rails. Des organisations les prenaient en charge. Les déportés, en revanche, on ne savait pas encore ce que c'était, ni quoi en faire.

Une rumeur a couru : un train partait pour Pilsen, en zone américaine. D'autres rumeurs ont circulé sur de soi-disant méfaits commis par l'Armée rouge. C'était le début de la guerre froide. Nous avons décidé de prendre ce train. On nous a conduits à la gare, tous ensemble.

Nous étions heureux de partir. Le train a pénétré dans le no man's land entre les deux zones. Au bout de quelques minutes, les Soviétiques l'ont arrêté.

Ils nous ont dit : « Ceux qui veulent aller en zone américaine descendent maintenant et traversent le no man's land à pied. Ceux qui ne veulent pas retournent à Prague. »

Nous nous sommes retrouvés à pied sur une route inconnue, dans un paysage dévasté. Soudain, une escouade de Jeep américaines a foncé sur nous. Nous leur avons adressé de grands signes. Ils se sont arrêtés et nous ont emmenés dans le camp américain, tous autant que nous étions : les déportés, les prisonniers de guerre et les autres. Là, on nous a distribué des rations. J'ai fumé des Lucky Strike pour la première fois de ma vie.

À Pilsen, il y avait le bureau de rapatriement des prisonniers et réfugiés. Les prisonniers de guerre y ont expliqué la situation. Ils ont parlé de nous, les déportés. Le problème, c'était que l'administration alliée n'avait pas pour mission de nous rapatrier. Alors, les prisonniers de guerre ont dit : « Si vous ne les rapatriez pas, nous ne rentrons pas. »

L'administration a accepté de nous rapatrier avec eux, en camion, jusqu'à Nuremberg. Entre-temps, mon sac avait été volé. Je suis revenue en France habillée avec un pantalon de l'armée allemande et chaussée d'une paire de chaussures de ski de taille 40.

Nous sommes passés par Sarrebruck où se trouvait un bureau d'enregistrement des rapatriés. J'ai donné mon nom et celui des camps par lesquels j'étais passée. Les fonctionnaires ne comprenaient pas d'où je venais. Ils m'ont demandé si je pouvais prouver que j'étais française. On m'a quand même accordé une « carte de rapatriée ».

Enfin, nous sommes arrivés gare de l'Est comme nous étions partis, dans un wagon à bestiaux. Là, les mêmes autobus qui nous avaient embarqués à Drancy nous ont amenés à l'hôtel Lutetia.

À notre arrivée, des centaines de personnes étaient massées devant la porte de l'hôtel. Elles montraient des photos et demandaient : « Vous n'avez pas rencontré ma mère avec ses trois enfants ? » « Vous n'avez pas rencontré mon père ? » Nous leur disions : « Tout le monde est mort. Ils sont tous passés au gaz. » C'était la vérité. Ceux qui n'étaient pas revenus étaient morts. Les familles ne voulaient pas nous croire. Elles se montraient aussi imbéciles et innocentes que nous à notre arrivée à Birkenau. Chez nous, il y avait la même dureté que celle des vieux déportés qui nous avaient prévenus dès le premier jour.

Nous revenions d'un monde extrêmement violent. Cette violence, nous l'avions subie, nous l'avions connue entre nous. Plusieurs fois, nous avions eu envie d'en finir. La souffrance nous avait transformés. Les gens qui attendaient devant le Lutetia ne pouvaient pas comprendre.

Il fallait que nous retrouvions notre humanité. Il le fallait absolument. Cela nous a coûté très cher. La plupart n'ont jamais retrouvé la compassion, ni la tendresse. Moi, il m'a fallu des années, beaucoup trop d'années. C'est aussi de là que sont venues les difficultés de ma famille, les impossibles relations entre frères et sœurs. Chez les miens, la déportation a commis des dégâts irréparables.

Beaucoup d'autres ont payé un prix très élevé, parfois en secret. Je pense à Simone Veil, qui, pour moi, n'a jamais guéri. Dans l'après-guerre, elle en a longtemps bavé, bien plus qu'elle ne l'a dit. Elle était douée d'une intelligence extraordinaire. Elle a fait des rencontres inespérées. Elle a eu beaucoup de chance.

En arrivant au Lutetia, à nouveau, tout le monde a dû se dévêtir. On nous a aspergés de DDT car nous avions des poux. J'ai récupéré de nouveaux vêtements. J'étais encore habillée n'importe comment. Nous avons passé une première nuit sur place. Les chambres étaient grandioses mais nous dormions par terre. Pas moyen de s'habituer aux lits. Ils étaient trop mous.

Une amie m'a dit : « Si tu veux, je t'emmène chez moi. J'ai mon mari. J'ai mes enfants. Tu vas vivre avec nous. » Nous sommes arrivées à Ménilmontant, dans une petite maison. Elle a demandé à la concierge : « Mon mari et mes enfants sont là ? » La concierge lui a répondu : « Votre mari est parti avec une autre femme. Vos enfants ne sont pas ici, je ne sais pas où ils sont. » Elle a ajouté : « Vous, je peux vous garder ici, mais l'autre, celle qui vous accompagne, je ne peux pas. » Je suis retournée à l'hôtel Lutetia.

Combien de jours, de semaines s'y sont écoulés ? Je ne sais plus. Chaque fois que j'en sortais, je voyais ces gens qui attendaient avec des photos des disparus.

Je me souviens de Claude Rich, qui n'était pas encore comédien. Nous avions à peu près le même âge. C'était une sorte de boy-scout qui cherchait à rendre service aux nouveaux arrivants. Nous avons sympathisé. Nous nous sommes perdus de vue mais, au fil des années, j'ai toujours eu plaisir à le voir jouer.

Un jour, on m'a dit : « Votre mère au téléphone. » Au camp, j'avais oublié l'amour de ma mère, j'avais oublié son visage. J'avais oublié jusqu'au nom de mon petit frère. Soudain, j'ai entendu la voix de ma mère. Je lui ai demandé si mon père était rentré. Elle ne m'a pas dit qu'il n'était pas rentré, mais à sa façon de me répondre, à son silence, j'ai compris. Ma mère m'a dit : « Reviens. » J'ai répondu : « Non, je ne veux pas revenir. » J'avais raison. Il ne fallait pas retourner auprès d'elle. Très vite cependant, l'administration du Lutetia m'a mise dehors. Je me suis retrouvée dans un train pour le Midi où l'on voyageait debout. En France, rien ne fonctionnait correctement. Le voyage jusqu'à Bollène a duré douze heures.

Sur le quai de la gare de Bollène, un oncle m'attendait, le frère de ma mère, le résistant. Lui aussi avait été déporté à Birkenau. Il avait dû déblayer le ghetto de Varsovie après l'insurrection. En avril 1945, il avait été rapatrié par un bateau soviétique. Lorsqu'il avait voulu raconter tout ça, personne ne l'avait cru. Je suis descendue du train et il m'a dit : « Ne dis rien, ils ne comprennent rien. » À ses côtés, il y avait un petit garçon qui me reconnaissait à peine. C'était mon petit frère.

Arrivée au château, j'ai dit : « Mon père n'est pas rentré, je ne reste pas. » Ma mère a fini par me convaincre. Elle ne comprenait pas que je veuille dormir par terre, que je fasse des cauchemars, que je mange salement et que je ne laisse jamais de restes sur la table. Elle ne comprenait pas d'où je venais. La seule chose qu'elle a voulu savoir, c'est si j'avais été violée.

Des décennies plus tard, j'ai retrouvé un livre écrit par une cousine qui vivait en Amérique. Ce livre portait sur la déportation de ses parents qui n'étaient pas revenus. De ce livre, il est tombé une lettre de cette cousine racontant comment ma mère lui avait écrit de venir au château, à Bollène, parce que j'étais revenue. Ma mère se plaignait que je dorme par terre. Elle ne comprenait pas. Le lit, pour moi, c'était trop mou. Ça a duré des mois.

Où aurais-je pu aller ? Je ne voulais pas rester à Bollène. Je voulais m'engager dans l'armée israélienne. Ils ne m'ont pas acceptée. J'étais trop jeune ? J'étais une survivante ? Pourtant, ils en ont accepté, des jeunes survivants. En Israël, après la guerre, les déportés n'étaient pas toujours bien vus. Beaucoup de Sabras, nés avant la création de l'État d'Israël, pensaient que les Juifs de la diaspora s'étaient laissés mener à l'abattoir comme des imbéciles. Pourtant, Aharon Appelfeld était un rescapé des camps et il a pu combattre. J'ai tant aimé cet écrivain. Sa mort m'a tant affectée. Lui aussi avait gardé quelque chose de l'enfance.

Si j'avais eu quelques années de plus, je ne serais pas revenue au château de mon père. Je serais partie ailleurs. Mais j'avais dix-sept ans, j'étais une adolescente.

Quelques mois après mon retour, on m'a diagnostiqué un début d'infection tuberculeuse. Ma mère m'a trouvé un sanatorium en Suisse, près de Crans-sur-Sierre. C'était un établissement de luxe où séjournaient d'anciens SS. Ils se cachaient là, ni vu ni connu. Ça n'était pas écrit sur leur front, mais je les ai vus et ne m'y suis pas trompée. Mon sentiment de solitude est devenu plus intense que jamais. J'ai fait ma première tentative de suicide en avalant des médicaments. Je n'avais plus d'espoir. Les gens ne comprenaient rien.

Après ma tentative de suicide, ma mère et mon frère sont venus me chercher. Ma mère continuait de ne rien comprendre. J'étais sa fille et je la déconcertais. J'en savais tellement plus qu'eux ! À sa façon, elle m'aimait. Plusieurs années de suite, elle m'a envoyé des télégrammes le jour du 10 mai, pour fêter ma libération. Même sur cette date, elle se trompait. La libération avait eu lieu le 8 mai.

Certains rescapés sont revenus, ont témoigné, ont écrit une œuvre. Et puis ils se sont donné la mort. Ce fut le cas de Primo Levi. Ce fut aussi le cas de Paul Celan, et de cet auteur polonais, Tadeusz Borowski, ancien déporté à Auschwitz et à Dachau, qui a écrit *Le Monde de pierre*, un chef-d'œuvre où tout est dit. Ces suicides, je les comprends parfaitement. L'idée m'en est souvent venue.

Quand je suis revenue, j'étais morte. Il fallait que je retrouve mon âme. Combien d'années, combien de siècles m'a-t-il fallus pour la retrouver ? J'ai compris qu'il n'y avait pas de Dieu. Au camp, en tout cas, Dieu n'était pas là. Il nous avait laissé tomber. Par la suite, des Juifs religieux ont osé nous dire que nous avions payé pour le mal que nous avions fait. Qu'est-ce que j'avais fait comme mal dans la vie ? J'étais une enfant.

J'ai rencontré des femmes qui n'étaient pas croyantes en arrivant au camp et qui en sont revenues croyantes. Moi pas. J'ai jeûné à Yom Kippour en 1944, mais je ne suis pas revenue croyante. Si j'ai jeûné, c'était d'abord pour retrouver ma dignité face aux SS. Pour leur dire : « Je vous emmerde. »

Je ne crois toujours pas en Dieu. En même temps, je sais qu'on en a toujours besoin. C'est notre seul garant et c'est une chose terrible à dire. Je crains que d'autres horreurs ne nous attendent et je ne pense pas que les religions nous protègent.

Dans le convoi de Drancy, nous étions mille huit cents, femmes, hommes, enfants. À peine une centaine sont revenus. En moi, les noms et les visages des disparus se confondent. Après la guerre, il a fallu des années pour qu'ils se détachent à nouveau.

Je revois ces garçons du *Sonderkommando* qui tentaient de faire sauter les crématoires en octobre 1944. Ils nous criaient : « Venez avec nous. » Nous n'avions pas la force de les rejoindre. Les SS les ont ramassés, ligotés les uns aux autres pour les enfourner dans les crématoires. Ces images ne s'effacent jamais. On en oublie le détail, on les amalgame, on ne les supprime jamais. Peu à peu, les noms et les visages reviennent.

Un jour, à Birkenau, Mengele a surgi pendant l'appel. Il cherchait des filles pour ses expériences. Il en a sorti deux du rang, une fille qui s'appelait Hélène et moi. Il m'a remise dans le rang et n'a gardé qu'Hélène, qui a subi plusieurs opérations dans son block. Hélène est revenue de Birkenau. Dans les années 1970, elle a obtenu la Légion d'honneur. C'est Simone Veil qui la lui a remise, à Strasbourg. Je suis partie à la cérémonie dans l'avion officiel du ministère de la Santé, un Mirage à trois places. Hélène a été décorée de la Légion d'honneur, mais elle est restée couchée pendant trente ans. Son fils s'est occupé d'elle. Elle est morte à peu près folle.

La petite Renée, elle, s'était cachée dans un cercueil avec moi au moment de l'évacuation de Raguhn, alors que les Américains étaient à dix-huit kilomètres. Elle est morte du typhus à Theresienstadt.

Je me souviens aussi de cette femme qu'on appelait Citron parce qu'elle était très blonde. Elle a survécu jusqu'à Raguhn, mais elle n'est pas revenue. Les SS l'ont mise à l'isolement puis ils l'ont tuée. Dans les années 1990, son fils a pris contact avec moi. Il est passé chez moi pour me parler de sa mère. On avait retrouvé trois corps de déportées dans la fosse commune du village voisin de Raguhn. Il essayait d'identifier celui de sa mère. Il m'a montré une photo sur laquelle j'ai pu la reconnaître. Dans ce kommando de travail, nous étions peu nombreuses, quelques centaines.

Ginette Kolinka, elle, est revenue. Elle vit toujours. La dernière fois que je l'ai vue à Birkenau, j'ai cru qu'elle ne reviendrait pas. Elle avait les jambes atrocement gonflées et marchait avec difficulté. Plus tard, elle m'a raconté ce qu'elle faisait pour se nourrir. À Birkenau, elle allait au *Revier*, là où les SS pratiquaient le plus de sélections. Elle demandait de la nourriture à celles qui ne mangeaient plus. Pour moi, le *Revier*, c'était la terreur. Même très malade, j'ai toujours évité cet endroit.

Dans le convoi qui partait de Drancy, il y avait aussi une femme qui s'appelait Charlotte. Elle est entrée enceinte dans le camp. Si les SS s'en étaient aperçus, ils l'auraient aussitôt envoyée à la chambre à gaz. Charlotte a accouché dans le camp. Ils lui ont arraché son bébé et ils l'ont jeté dans la chambre à gaz.

J'ai retrouvé Charlotte à Jérusalem dans les années 1980. C'était la première réunion mondiale des survivants. Joris avait allumé le téléviseur. Quelqu'un annonçait cette réunion à Jérusalem. Joris m'a dit : « Il faut que tu y ailles. » Je ne connaissais personne en Israël. J'ai appelé Simone Veil à Strasbourg, au Parlement européen. Elle a tout fait pour m'aider à partir, en me donnant des adresses. Ma sœur Jacqueline m'a conseillé d'acheter deux bouteilles de vinaigre pour une de ses amies qui vivait à Jérusalem.

Je suis partie. Là-bas, tous les hôtels avaient des registres où chacun pouvait inscrire son camp et son numéro de matricule. Ceux qui avaient des numéros de la même série, du même transport, se cherchaient et se retrouvaient.

C'est comme ça que j'ai retrouvé Charlotte. Elle m'a présenté sa fille et je me suis évanouie. Son enfant était mort à Auschwitz. Je n'avais pas imaginé qu'elle ait pu en avoir un autre à son retour.

À Jérusalem, j'ai donc retrouvé pour la première fois des filles de mon transport. Je ne les avais pas vues dans l'après-guerre. Nous n'avons parlé que du camp. En 1945, à mon retour, je n'avais revu personne ou presque. Je m'étais isolée une année en Provence.

À Birkenau, il y avait une voyante. Dans les années 1950, je l'ai croisée. C'était dans un salon professionnel médical auquel participait Jean-Pierre, mon compagnon d'alors, en tant que journaliste. Il l'avait invitée pour qu'il y ait une voyante au milieu des médecins, une représentante de l'irrationnel parmi les scientifiques. Je suis allée au stand de Jean-Pierre et j'ai aperçu une femme. Je l'ai regardée et lui ai dit : « Toi, tu étais à Birkenau, dans tel block, à telle époque. » Elle m'a demandé : « Comment tu m'as reconnue ? » Je lui ai répondu : « Parce que tu y étais. » Elle m'a dit : « C'est vrai. »

Elle se souvenait parfaitement de moi. Au camp, elle faisait des pronostics sur nos chances de survie. Lorsque je posais des questions, parce que je n'arrêtais pas de poser des questions, elle me répondait : « Unetelle va mourir ! » Elle voyait juste. Ce n'était pas difficile.

Cette femme m'a invitée chez elle. Elle s'adonnait à la magie noire. Elle pratiquait des envoûtements et piquait des poupées avec des aiguilles. Elle se vantait de tuer à distance. C'était une sorte de monstre. Elle prolongeait l'extrême violence des SS. Je ne l'ai jamais revue.

L'irrationnel me fait peur. En même temps, je sais que je suis protégée. Si je suis encore là, je crois que ce n'est pas par hasard. Si je vis plus longtemps, c'est que j'ai encore d'autres choses à accomplir. Mais cette croyance ne fait pas de moi une folle, ni une meurtrière.

Il y avait aussi cette femme qui était la cheffe du dortoir des détenues à la prison des Baumettes, à Marseille. Elle n'arrêtait pas de dire qu'elle n'était pas juive et elle s'est retrouvée à Birkenau. Au camp, elle s'est débrouillée pour devenir infirmière au *Revier*. Pendant toute sa déportation, elle a continué à dire qu'elle n'était pas juive, qu'elle était autrichienne. Elle était attirée par moi, je ne savais pas pourquoi. Je n'avais pas envie de la voir, elle m'effrayait. Elle est partie à Bergen-Belsen dans le même transport que moi. À nouveau, elle est devenue infirmière au *Revier* de Bergen-Belsen. Je n'ai jamais voulu m'approcher d'elle. Je n'ai jamais eu confiance en elle. Est-ce qu'elle éprouvait du désir pour moi ? Je ne sais pas. Il fallait que je sois prudente. Elle a survécu aux camps. Elle est revenue en France. Après la guerre, elle a vécu dans un hôtel boulevard des Batignolles, pas loin de là où j'habitais, dans une rue adjacente à la mienne. J'allais la voir de temps en temps, mais je continuais à avoir peur d'elle. Elle disait qu'elle n'était pas juive alors qu'elle était juive, et cela, je ne pouvais pas le supporter. Elle était dure, méchante. Au dortoir des Grandes Baumettes à Marseille, elle nous disait : « Je suis pas juive, je vous emmerde. » Elle nous traitait même de « sales Juives ». Voilà. Pourquoi était-elle attirée par moi ? Je n'ai jamais su.

Plus tard, j'ai su qu'il existait des organisations de survivants. La plupart étaient gérées par des militants communistes. Je suis allée les voir. Ils m'ont demandé mon adresse. J'ai donné celle de la famille, le château en Provence. Ça ne leur a pas plu. Un château, cela faisait bourgeois. Ils m'ont presque flanquée dehors. Finalement, le peu de contacts avec les survivants que j'ai eus, ce sont des gaullistes qui me les ont procurés, des gaullistes de gauche.

Dans les camps, il y a ceux qui survivent et ceux qui ne survivent pas. Il y a ceux qui reviennent et ceux qui ne reviennent pas. Personne ne sait pourquoi. C'est quelque chose qui vient du ciel. Il y a des anges, forcément. Je le crois. J'ai toujours eu deux anges avec moi. Je les ai toujours. Pourquoi ? Pourquoi moi ? Peut-être parce qu'il fallait que je revienne. Il fallait que je dise ce que d'autres ne diraient pas, que j'écrive ce que personne n'écrirait. Je ne sais pas. Je n'y suis pour rien.

Chaque fois que je rencontre des survivants d'Auschwitz, je leur pose encore aujourd'hui la question : « Avez-vous connu mon père ? » Je leur dis son nom et son numéro de transport. Personne n'a pu me renseigner.

Je cherche son nom dans les livres. Je les achète tous. J'ai accumulé une bibliothèque entière dans une pièce séparée de mon appartement. À qui vais-je donner tous ces livres ? Personne n'en veut. Encore une génération et ce sera absolument fini.

Quand mon père est-il mort ? Je ne sais pas. Je ne sais pas où il est enterré, ni même s'il a été enterré. Il a pu mourir en marchant, il a pu être éliminé dans ces marches de la mort où les SS tuaient tout le monde. Son certificat de disparition porte la mention Mauthausen.

Aujourd'hui, lorsque les déportés que je connais se retrouvent, ils ne parlent que du camp. J'ai essayé d'inviter à ces réunions des personnes qui n'avaient pas été déportées. Je voulais qu'elles voient, qu'elles entendent, qu'elles sachent, mais cela n'a jamais fonctionné.

Dans l'après-guerre, j'ai parlé des camps avec mes amis, mes amants. J'avais peur qu'ils ne s'intéressent à moi que parce que j'avais été déportée. Je me trompais. Jean-Pierre m'a dit : « Mais jamais de la vie, moi je t'aimais, je me fichais pas mal que tu aies été déportée. » Jean-Pierre avait douze ans de moins que moi. Il me donnait la jeunesse que je n'avais pas eue.

En faisant l'amour avec lui, j'avais une envie de soleil et de joie de vivre. Il comblait mon désir de recevoir de la tendresse et d'en donner.

Avec cet amant plus jeune, j'étais dans tout ce que la société refusait, un peu comme ces professeurs qui couchent avec leurs élèves. Jean-Pierre m'écoutait attentivement. Même avec lui, mon récit était partiel. Il avait des blancs, des zones impénétrables. Plus tard, j'ai reconstitué mes souvenirs. J'ai rassemblé la matière de véritables entretiens.

Je n'ai jamais quitté le camp. Je ne me suis jamais comportée dans la vie autrement que comme si j'y étais restée. Je suis dedans, je revois sans cesse la boue, la merde, les SS. Je ne comprends pas ceux qui se précipitent aujourd'hui à Auschwitz, ces anciens déportés qui accompagnent des voyages touristiques. Sans doute remplissent-ils un vide au fond d'eux. Moi, je ne peux pas. Le vrai camp ne s'en va jamais. Il est au fond de moi.

Je ne crains personne et, pourtant, toute forme d'autorité me fait encore trembler. J'ai tourné des films, j'ai traversé des guerres et je les ai filmées. C'était toujours la même histoire, la même peur. Lorsque j'allais au Centre national du cinéma pour demander une aide à la réalisation, j'avais peur, parce que c'était le siège de l'autorité.

J'ai le sens de la précarité des choses, de leur part éphémère. Dans l'existence, il y a sans cesse des fils barbelés à franchir. Il faut se démerder pour exister, il faut être fort, il faut être obstiné.

Parfois je me suis retrouvée sans argent, cherchant un travail, me présentant à un entretien. Pour me rassurer, il fallait que je déshabille en pensée la personne que j'avais en face de moi. Il fallait que je la voie nue. Je me disais : « Cette personne est faite comme moi. En ce moment, elle me parle comme ça, mais dans un camp, que ferait-elle ? »

Le camp a bouleversé toutes mes références, tous mes points de repère. J'y ai appris l'obstination qui m'a permis de réaliser des films, d'écrire des livres.

Lors du tournage de mon film *La Petite Prairie aux bouleaux*, en 2002, je me suis heurtée au musée d'Auschwitz qui ne voulait pas me donner l'autorisation de filmer l'intérieur du camp. Selon eux, il s'agissait d'un film de fiction. Pendant ce temps, ils laissaient les touristes capter librement leurs images avec leur petite caméra de poche. Je leur ai dit : « Si vous ne me donnez pas cette autorisation, je m'attache avec des cordes à la porte d'entrée du camp d'Auschwitz, en dessous de l'inscription *Arbeit macht frei*. Je fais une grève de la faim et je vous jure que j'irai jusqu'au bout. » Les producteurs m'ont fait signer un contrat sur lequel revenait sans cesse la mention : « Il est interdit de… » Je m'en fichais éperdument. Pour moi, il n'y avait rien d'interdit. Pendant le tournage, j'ai fait ce que j'ai voulu.

En Chine, face à Zhou Enlai, l'un des dirigeants de l'époque Mao, j'ai montré le même culot. Il me disait : « Vous allez vraiment lire les *dazibao* – les affiches murales – de ces protestataires ? En septembre prochain, je vais les retirer, ces *dazibao*, et d'ailleurs, est-ce que dans votre pays on affiche des *dazibao* comme ça ? » J'ai répondu : « Dans mon pays, il y a une presse libre, ils n'ont pas besoin d'écrire des *dazibao.* »

Ma mère m'en a voulu de revenir seule. Pour elle, il aurait mieux valu que mon père revienne sans moi. Pendant un an, j'ai vécu avec elle au château. Elle travaillait. Mon frère essayait de reprendre ses études. Nous étions dans l'attente de mon père. Nous n'avions aucune nouvelle. Est-ce qu'il était mort ? Nous nous disions qu'il avait peut-être perdu la mémoire, qu'il était détenu quelque part en Union soviétique. À l'époque, les Russes mettaient beaucoup de temps à rapatrier les déportés. Mon petit frère allait seul à la gare pour l'attendre. Nous l'attendions sans fin. Nous nous racontions des salades.

Je ne pouvais pas faire ce deuil. Cette impossibilité a bouleversé ma vie et celle de ma famille. Je sais qu'elle a conduit mon frère cadet et ma sœur aînée au suicide.

Le malheur est venu du château de mon père. Il a détruit notre famille. Mon père l'avait mis au nom d'Henri, mon frère aîné, qui avait alors vingt ans. Avant-guerre, Henri avait commencé des études de médecine à Lyon. En 1939, il a été mobilisé comme médecin-auxiliaire et affecté en Syrie. Une fois démobilisé, il est parti par l'Espagne pour rejoindre les Forces françaises libres en Algérie. Au moment de son départ pour l'Algérie, ma mère a trouvé le moyen de lui donner des billets de cent dollars. Il les a cachés dans ses chaussures et n'a jamais pu s'en servir tant ils étaient usés.

En 1947, Henri a épousé Marie, cette fille cachée à Bollène pendant l'Occupation, qui avait été arrêtée et déportée avec sa sœur et moi. J'ai raconté comment ma future belle-sœur avait retrouvé sa mère, arrêtée en juillet 1942, dans la rafle du Vél d'Hiv avec son père et son mari. J'ai dit à quel point Marie avait été dure avec moi et comment nos relations s'étaient dégradées à Birkenau. Après la Libération, j'ai évité de les revoir. Au moment du mariage de mon frère, je n'ai pas eu le choix. Encore une fois, ce comportement, comme celui de sa mère et de sa sœur, n'avait rien d'incompréhensible. La vie quotidienne à Birkenau pouvait détruire les liens les plus intimes, ruiner les relations les plus confiantes.

Au sujet de Marie, la seule chose que mon frère Henri m'a demandée n'a pas été : « Comment s'est-elle conduite avec toi ? », mais : « Est-ce qu'elle a été violée par les Allemands ? » Ceux qui n'avaient pas été déportés ne pouvaient pas comprendre. N'ayant pas connu la réalité du camp, mon frère et ma mère ont posé la même question.

Dans l'après-guerre, la mère de Marie a voulu que ce château reste à mon frère. Pour les autres membres de la famille, ce fut un scandale. Nous étions censés nous taire et accepter. Même ma mère avait perdu ses droits. Mon frère s'est prêté à ce jeu et a gardé le château pour lui. Il l'a vendu et il a partagé l'argent avec nous, mais nous n'avons jamais su si les sommes étaient équitables. Nous étions des enfants. Cet argent, il l'a dépensé, il s'est acheté des voitures, des BMW, des Daimler. Il a mené une vie de flambeur, puis il a commencé à culpabiliser. Son attitude s'est ajoutée à l'absence de mon père pour conduire la famille à sa ruine.

Tout s'est aggravé lorsque Henri a voulu exercer une forme d'autorité sur moi. Il m'a reproché ma façon de vivre, mes amants, le temps passé dans les cafés. Il lui arrivait de me traiter de pute. *L'Amour après*, ce livre où je parle de tous mes amants, l'aurait mis hors de lui. D'ailleurs, mes livres m'ont attiré bien des ennuis avec la famille. C'est vrai que j'y raconte quelque chose de terrible. Au retour du camp, je dis à ma belle-sœur : « On a quand même bien fait de rentrer ! » Elle me répond : « Non, il ne fallait pas revenir ! » Quant à *Ma vie balagan*, j'ai demandé à ma sœur Jacqueline d'en relire le manuscrit, elle a refusé.

Henri n'a jamais joué le rôle d'un frère aîné. Nous avions perdu notre père. Il y avait un vide que ce frère n'a pas comblé. Ma sœur aînée, quant à elle, ne pouvait pas jouer ce rôle. Cette famille s'est effondrée sous un poids trop lourd. Comme tant de familles juives, elle a été brisée par la guerre et la déportation.

À la fin des années 1940, les épreuves se sont enchaînées. Après le mariage de mon frère aîné, ma mère s'est remariée. Je n'avais rien contre ce mariage mais je lui ai reproché de le faire en cachette. On ne se remarie pas en cachette, il faut l'accord des enfants. Je ne supportais pas ce nouveau beau-père. Son seul talent était de se faire entretenir par ma mère. Pour nous, les enfants, ce remariage arrivait trop tôt.

Mon petit frère est tombé gravement malade, de cette maladie qu'aujourd'hui on appelle le trouble bipolaire. Il s'est donné la mort. Ce frère avait toujours dit qu'il mourrait à l'âge de mon père, à la quarantaine. Je m'étais beaucoup occupée de lui dans sa jeunesse. Je lui avais trouvé une maison pour qu'il puisse vivre à la campagne. Ensuite, nos relations se sont distendues, il est devenu agressif avec moi et avec Joris, mon mari. Il m'en voulait de je ne sais quoi. Peut-être simplement d'exister. Aujourd'hui, je pense que mon petit frère n'aurait pas pu survivre. Je serais restée à ses côtés, je crois que je ne l'aurais pas abandonné.

Quant à ma sœur aînée, elle avait épousé un goy pendant la guerre. Ma mère n'a pas toléré ce nouveau gendre. C'était sans doute un homme sans intérêt. La famille a trouvé là un nouveau sujet de conflit. En l'espace de quelques mois, au début des années 1980, ma mère est morte, suivie par mon petit frère et ma sœur aînée.

En vieillissant, mon frère aîné a commencé à prendre ses sœurs survivantes en considération, mais le mal était fait. Il est devenu plus tendre, plus compréhensif, mais trop tard. Sa compréhension était faussée par la culpabilité. Il est mort dans les années 2010, à près de quatre-vingt-dix ans.

Nous nous sommes éloignés au fil des années. Je me souviens de lui comme d'un homme rempli d'amertume. Il vivait à Thionville. Il regrettait la tournure que sa vie avait prise, les études de médecine qu'il n'avait pas faites. Il se sentait aussi coupable envers ses frère et sœurs, et tout cela m'a tenue à distance de lui.

Notre histoire est celle d'une famille qui a perdu ses repères. Une famille dont les enfants n'étaient pas assez forts. Ou plutôt, dont certains enfants étaient trop forts et d'autres pas assez.

Dans l'après-guerre, la culpabilité a faussé nos relations, elle nous a empêchés de nous comprendre. Cette culpabilité ne m'intéresse pas, elle n'a jamais servi à rien. Il ne fallait pas la laisser s'installer. J'ai toujours lutté contre ce fléau, chez moi comme chez les autres.

Aujourd'hui, j'ai l'impression que ma petite sœur ne va pas bien. Elle a quatre ans de moins que moi. Nous sommes les seules à avoir été élevées ensemble. Je l'adore mais c'est comme si j'avais tout pris et qu'elle n'avait rien eu. J'ai été élevée à la maison dès les premières années et je suis la seule à ne pas avoir été placée en nourrice comme elle, ou chez les grands-parents comme les aînés. J'avais aussi une relation privilégiée avec mon père. J'ai pris trop de place sans le vouloir. Je ne le fais pas exprès. Je n'ai rien prémédité de tout ce que j'ai créé. Les choses sont venues sans que j'y réfléchisse.

On a dit que les enfants cachés avaient moins bien vécu l'après-guerre que les déportés. Pour nous deux, il est très difficile d'en parler. Pourtant, mieux vaut avoir vécu cachée, plutôt que d'avoir été déportée. L'horreur, la vraie, c'est la déportation. C'est d'être confrontée si jeune au pire de l'humanité.

Quand je suis revenue, c'est surtout à ma petite sœur que j'ai parlé. Aujourd'hui, je ne me souviens plus de ce que je lui ai raconté. À l'époque, personne ne me comprenait. Je dormais par terre et ça rendait ma mère folle.

Ma petite sœur a eu plus peur de la vie que moi. Elle vient contre moi pour que je la prenne dans mes bras. J'essaye de la consoler, de l'aider, comme je peux. Je n'y arrive pas. J'essaye aussi de la faire rire. Je ne suis pas une grande psychologue. Je me suis toujours fichue de la psychologie. La seule psychanalyste que j'ai vue m'a dit : « Laissez tomber la psychanalyse, ce n'est pas pour vous. Faites des films. Écrivez, faites tout ce que vous voulez, mais ne suivez pas de psychanalyse. »

Si je pense à ma famille détruite, je pense à Verdun, aux gueules cassées de la Première Guerre mondiale. En allant à Douaumont, on comprend à quel point ce peuple français a souffert par la faute de généraux atroces. Il a été dévasté par ces années de guerre. Or, ce peuple n'a pas suffisamment pris conscience de cette histoire. Il l'a étouffée. Je suis allée une fois à Verdun, ça m'a complètement retournée. Pas une famille qui n'y ait ses morts. Après cette guerre-là, comme après la suivante, tout le monde a voulu se remettre à vivre comme avant. Je pense aux enfants que les SS lançaient comme des paquets contre les murs. Faire des gosses après une chose pareille ? Plutôt crever ! Toutes ces femmes, en sortant de la guerre, ont fait des gosses trop vite.

Quand on sortait des camps, déjà, il ne fallait pas vivre avec un ancien déporté. Ça m'est arrivé dans l'après-guerre. Il s'appelait Nat. J'ai vécu l'enfer. Nous nous étions rencontrés à Saint-Germain-des-Prés. Je n'étais pas amoureuse, mais j'avais pour lui une grande sollicitude. Il avait travaillé dans un *Sonderkommando*, il avait évacué des cadavres toute la journée, il leur avait arraché leurs dents en or, leur avait rasé la tête pour récupérer les cheveux. C'étaient des bébés, des enfants, des jeunes. Moi, cela, je ne l'ai pas vu. C'était caché, mais nous savions.

Nat a survécu à tout cela. Il a eu la chance folle, exceptionnelle, de revenir dans le rang des déportés ordinaires. À moi, il ne pouvait rien cacher. Il m'a tout raconté. Quand il allait mal, il me battait. Et quand il tournait sa violence contre moi, je lui renvoyais ma déportation à la gueule. C'était réciproque. Une horreur. Nous parlions tout le temps des camps. Cela ne nous rapprochait pas, bien au contraire. Je ne pouvais pas accepter sa violence. Toutes les excuses du monde n'y changeaient rien. Notre relation était complètement faussée, mais j'avais pour lui une immense compassion. Pas d'amour, pas de tendresse, de la compassion.

Plus tard, il a fait plusieurs tentatives pour se désintoxiquer de l'alcool. Nous sommes restés longtemps sans nous voir. Un jour, il m'a téléphoné pour participer à un film de Joris. Il était malade. J'ai accepté tout de suite.

Au retour, beaucoup de survivants ont voulu des enfants. Pas moi. J'ai dominé mon corps pour ne pas en avoir.

Quand je suis rentrée, j'étais déjà morte. À vingt ans, j'ai voulu me jeter dans la Seine. C'était ma deuxième tentative. Un inconnu m'a rattrapée. Quand on veut mourir, on essaye et puis c'est tout. Si on s'y prend mal, c'est peut-être qu'on ne le veut pas vraiment.

Si j'ai voulu en finir, c'était parce que le monde de l'époque me paraissait lamentable. Je ne savais pas quoi faire de ma peau. La sortie du camp était impossible.

À la fin des années 1940, il y avait autre chose. On se sentait toujours entourés de fils de fer barbelés. On ne les voyait pas, mais ils étaient là. Ces barbelés de l'après-guerre, c'étaient les incompréhensions, les aberrations, les mensonges. L'attitude du général de Gaulle vis-à-vis des Juifs me paraissait lamentable, lui que tant de Juifs avaient rejoint à Londres.

Dans ces années-là, on a posé un couvercle sur la marmite. Il ne fallait surtout pas parler des camps. Ça a duré dix ans, vingt ans, trente ans, quarante ans. Pendant combien d'années a-t-on été privés du droit d'en parler ! Aujourd'hui, alors que c'est devenu possible, on se retrouve face à des ordures antisémites et négationnistes. C'est le silence de l'après-guerre qui en est responsable.

Très vite, j'ai cherché à m'éloigner de ma famille. Il ne fallait pas que je reste avec eux. J'ai encore vécu un certain temps avec ma mère. Nous avons quitté Bollène pour Paris, hôtel Terminus. Puis ma mère a trouvé un appartement rue Condorcet, dans le IXe arrondissement. Nous y avons vécu à quatre, elle, ma petite sœur et mon petit frère. Elle faisait de fréquents voyages professionnels en Lorraine et rapportait un peu d'argent. Nous vivions à ses crochets. Tout est devenu compliqué.

Francis Loridan, mon premier mari, fut une porte de sortie, même si ce n'était pas un garçon pour moi. Lorsque ma mère a su que je le connaissais, elle a insisté pour que je me marie au plus vite, comme si elle voulait se débarrasser de moi. Je n'étais vraiment pas le genre de fille dont elle rêvait. Je traînais à Saint-Germain-des-Prés, j'allais dans les bistrots, je portais des pantalons. Ma mère n'y comprenait rien.

Dans ces années-là, c'était comme si nous avions perdu notre boussole. Tout sonnait faux. Le mari de ma mère n'en voulait qu'à son fric. Ils n'avaient rien en commun. Ce beau-père jouait aux cartes du matin au soir. C'est bien de jouer aux cartes, mais il faut faire autre chose dans la vie. Je ne l'ai pas accepté. Je l'ai découvert au château, dans le lit de ma mère. C'était en 1948, un an après le mariage de mon frère. Plus que jamais, le château de mon père devenait le château du malheur.

Après avoir épousé Francis, je n'ai pas voulu le suivre dans les colonies françaises. Pour rien au monde je ne l'aurais fait. Il était ingénieur des travaux publics. Son patron tutoyait les Algériens. Je ne le supportais pas. L'arrogance envers les Algériens de ces gens diplômés, éduqués, intelligents était intolérable. Ils les réduisaient à rien et le faisaient en connaissance de cause. C'est aussi pour ça que je suis devenue une porteuse de valises, que j'ai aidé la lutte des militants du FLN pour l'indépendance de l'Algérie.

À l'époque de mon mariage, tout était encore très confus. C'étaient des réactions à chaud. Je disais à mon premier mari : « Comment peux-tu tutoyer Mme Labib, notre femme de ménage ? Moi, je l'appelle "madame". Pour qui tu te prends ? »

Je n'ai pas voulu d'enfant de Francis. Longtemps, je n'ai pas pu supporter de voir un bébé. J'avais vu trop d'enfants mourir. J'étais suffoquée de voir autant de femmes revenant de Birkenau mettre au monde des familles nombreuses. Je disais : « Ça va recommencer dans vingt ans, je n'aurai pas d'enfant. » J'étais très heureuse de ne pas en avoir.

Dans les années 1950, ma petite sœur nous a annoncé qu'elle était mère. Prématuré, l'enfant était resté à la clinique. « Donnez-moi une chaise ! » s'est exclamée ma mère en apprenant la nouvelle. Elle a vu la photo du gosse et a ajouté : « Il ressemble à mon frère. » J'étais morte de rire, mais j'ai engueulé ma sœur. Je lui ai demandé : « Pourquoi tu as fait ça ? » Elle m'a répondu : « Si je te l'avais dit, tu m'aurais aidé à le faire partir. » Moi : « Bien sûr ! » Je ne suis pas allée voir l'enfant à la clinique. C'était plus fort que moi.

Par la suite, ma mère n'a pas voulu garder ma sœur à la maison et la clinique n'a pas voulu garder l'enfant. J'ai dû laisser mon appartement à ma sœur et m'installer à l'hôtel.

À l'époque, trouver un appartement, c'était la croix et la bannière, mais j'étais ravie. Je suis partie m'installer à l'hôtel La Louisiane, dans le quartier de Saint-Germain-des-Prés. J'y ai passé plusieurs mois. C'était exactement ce qu'il me fallait. Toute ma vie durant, l'hôtel a signifié la liberté. Quand je vivais avec Joris, il nous arrivait de quitter notre appartement pour vivre à l'hôtel. On prenait chacun une chambre. À l'époque, cela ne coûtait pas cher.

À La Louisiane, je me souviens d'Albert Cossery, un écrivain francophone d'origine égyptienne. C'était un drôle de cavaleur. D'ailleurs, tous les hommes sont des cavaleurs et, aujourd'hui, j'espère que les femmes aussi vont devenir des cavaleuses.

C'était formidable de vivre à l'hôtel. En bas, la réception servait de secrétariat. On n'avait aucune responsabilité. Chaque jour, les chambres étaient faites. Parfois, on en changeait. Toutes nos possessions étaient là, réunies dans une chambre.

Dans ces années-là, j'ai aimé sortir, passer des heures au café, vivre la nuit. Je commençais à m'intéresser aux hommes. L'été, je mettais des robes ou des chemisiers à manches courtes et les gens me posaient des questions absurdes sur mon tatouage de Birkenau. On me demandait : « C'est ton numéro de téléphone ? »

Longtemps, j'ai recouvert ce tatouage d'un sparadrap. Il a fallu des années pour que je le montre. Un jour, à Saint-Germain-des-Prés, un Japonais un peu excentrique qui gagnait sa vie avec des sculptures en allumettes a vu mon avant-bras. Il m'a demandé d'où ça venait, je lui ai répondu. Il m'a dit : « Ce n'est pas un 7 allemand. Les Allemands ne font pas les 7 comme ça. » J'ai rétorqué : « C'est un Tchèque qui m'a tatouée. » Et j'ai éclaté de rire.

En 1959, j'ai fait un voyage à Naples, où il y avait encore de la misère. Moi qui n'étais pas riche, j'avais honte de la robe neuve que je portais. On m'avait dit qu'à Naples je trouverais des cigarettes à des prix intéressants. Je me suis approchée de deux garçons qui traînaient dans la rue, deux *disoccupati*. L'un des deux est parti me chercher des cigarettes. Soudain, l'autre a vu mon matricule tatoué sur le bras. Il n'a pas compris de quoi il s'agissait. Dans mon mauvais italien, je lui ai dit : « Camp de concentration en Allemagne pendant la guerre. » Il m'a regardée, puis il est revenu avec dix autres garçons. Il leur a expliqué de quoi il s'agissait. L'un d'eux a sorti un crayon de sa poche et a noté mon numéro de tatouage. Il a dit : « C'est pour la loterie nationale ! » J'ai trouvé ça extraordinaire. Ça changeait de toutes les stupidités que je pouvais entendre. J'espère qu'il a gagné le gros lot.

Dans les années d'après-guerre, j'avais de longues conversations avec mes amis pour savoir s'il fallait entrer au Parti communiste. Nous pensions qu'il valait mieux y entrer, parce qu'il n'y avait rien d'autre. Si on voulait changer les choses, il fallait prendre sa carte. Et si on voulait que le Parti change de l'intérieur, il fallait aussi prendre sa carte. C'étaient des idées comme ça, des idées stupides, infantiles. Il fallait prendre parti contre

Tito qui cherchait à sortir la Yougoslavie du bloc soviétique.

En 1953, je suis allée à une réunion de cellule du Parti et j'ai trouvé des gens bien. Il faut dire qu'à l'époque il y avait beaucoup de gens bien qui se trompaient ou qui mélangeaient tout. Je suis entrée au Parti et j'y suis restée six mois. Je vendais *L'Humanité* en manteau d'astrakan. Quelle affaire ! Alors qu'on peut circuler en manteau d'astrakan sans avoir un sou. Des militants ont été chargés de me suivre dans la rue.

À l'époque, ma mère me payait des cours de sténographie, mais moi, je voulais faire du théâtre. J'ai joué dans une pièce pour enfants qui s'intitulait *Amilio chez les masques*. J'y interprétais le rôle d'une petite fille. J'avais plus de vingt ans mais j'étais si petite qu'on pouvait m'en donner douze. J'étais censée me rendre à mes cours de sténo. Je quittais l'appartement en douce avec mes affaires de théâtre dans une petite valise.

Très vite, la répression en Hongrie est arrivée. On a obtenu plus d'informations sur le régime soviétique. On a été informés de la persécution des Juifs au sein du Parti communiste russe et du soi-disant « complot des blouses blanches », monté quelques mois après la mort de Staline, qui mettait en cause des médecins juifs. Alors, j'ai pris mes distances. J'ai quitté pour toujours le Parti communiste français.

J'y ai rencontré de fortes personnalités, parfois des gens étranges. Comme Vladimir Pozner, un journaliste franco-soviétique. Il ne pensait qu'à draguer des filles et frappait à ma porte pendant des heures.

C'était aussi une période de fêtes, avec le début de Saint-Tropez. J'avais peu d'argent mais je me débrouillais, je me faisais héberger à l'hôtel de la Ponche.

C'était l'époque où les plus beaux mecs venaient chanter, les meilleurs. Il y avait Mouloudji et Boris Vian. Ce n'étaient pas les fêtes de richards d'aujourd'hui. J'avais dit à ma mère : « Achète tous les terrains que tu peux là-bas. » Elle n'y a pas pensé. Est-ce qu'elle serait devenue plus riche ? C'était une période de dingues.

Après 1956, sur le plan politique, il s'est passé des choses intéressantes. De petites organisations de gauche ont commencé à se créer, hostiles au Parti communiste. Il y a eu la parole libre d'Henri Lefebvre. Le Parti communiste français a connu la contestation et les exclusions. J'ai vécu le procès d'Edgar Morin et l'exclusion de Marguerite Duras.

Dans ces années-là, il n'y avait pas de radios libres, il n'y avait rien. Nous vivions dans un conformisme total et nous nous battions pour la liberté. André Gide, ça ne suffisait pas. Il nous en fallait beaucoup plus. Sartre soutenait l'Union soviétique. Nous vivions dans le mensonge sans même nous en rendre compte. Combien de temps a-t-il fallu pour que les gens commencent à comprendre ?

En 1967, quand je suis revenue du Vietnam, j'ai accepté que les communistes publient tous mes articles. Ils m'ont consacré cinq numéros de *L'Humanité Dimanche*, avec des photos que j'avais prises moi-même. C'étaient les seuls à vouloir publier ça. Il n'y avait rien d'autre, j'étais obligée de passer par eux.

À la fin des années 1950, des gens qui se disaient de gauche, comme Guy Mollet, président du Conseil, ou François Mitterrand, ministre de l'Intérieur, ont envoyé en Algérie les appelés du contingent. Je ne connaissais rien à l'Algérie, mais cette guerre menée par la pseudo-gauche française me révoltait. Je me suis toujours méfiée des sociaux-démocrates. Beaucoup d'entre eux avaient voté les pleins pouvoirs à Pétain. Par la suite, j'ai toujours refusé de voter Mitterrand.

Quand j'ai rencontré Jean-Pierre, j'étais une femme de trente ans, à peine divorcée. Lui n'avait que vingt ans, il étudiait la philosophie. Pour vivre, je travaillais dans une agence de psychosociologie. Je faisais des sondages d'opinion.

Ensemble, en 1960, nous avons tourné *Chronique d'un été*, avec Jean Rouch, Edgar Morin et quelques autres. Je devais poser la question « Êtes-vous heureux ? » à des passants croisés dans la rue. Lorsque j'ai dû répondre à cette question, je me suis trouvée prise au piège. J'ai pleuré. J'ai parlé de la mort de mon père. Pour moi, depuis quinze ans, tout était du rabe. Je n'arrivais pas, ou très rarement, à me débarrasser de ce que j'avais vécu. La morte que j'étais ne pouvait plus revivre.

Très vite, Jean-Pierre et moi avons vécu ensemble. Il voulait rencontrer Sartre, que je connaissais. Cela s'est passé chez moi, dans mon petit appartement.

Jean-Pierre et moi sommes entrés dans le réseau Jeanson, créé pour aider les militants de l'indépendance algérienne. J'ai fait la connaissance de militants algériens, comme Mohamed Boudiaf, qui est devenu président de la République et qui a été assassiné. Jean-Pierre exfiltrait de France des militants algériens recherchés par la police, il effectuait des missions de liaison. La clandestinité renforçait notre lien. Nous recevions des dons, des contributions, des fonds secrets. Certains membres du réseau se servaient. Je me souviens d'un voyou nommé Serge, auquel Jeanson faisait une confiance aveugle et qui détournait les fonds du réseau. J'ai essayé de convaincre Jean-Pierre que ce Serge était une ordure. Il ne me croyait pas. Personne ne me croyait. J'étais la seule à le dire. Je savais que c'était une ordure. Il volait tout ce qu'il pouvait. Il volait même les perroquets chez les gens pour les revendre.

Mon petit appartement était considéré comme une cachette sûre. Sur mon lit, les liasses de billets s'étalaient. Il nous est arrivé de subir des perquisitions. Ce n'était pas l'aventure de ma vie. La seule aventure, la pire des aventures, ça a été Auschwitz.

Un jour, j'avais rendez-vous à midi avec Edgar Morin. Au milieu de la matinée, quatre ou cinq flics ont débarqué chez moi. Ils ont fouillé partout, ils cherchaient de l'argent, des papiers, ils n'ont rien trouvé. Le téléphone a sonné. Les flics m'ont dit : « Décrochez mais ne dites rien de ce qui se passe ici. » J'ai eu Edgar Morin au bout du fil. Je lui ai dit : « Edgar, je ne peux pas te parler. – Ah ? » a-t-il répondu. Il avait très bien compris. Il venait de la Résistance, il savait de quoi il s'agissait.

Les flics ont fermé la maison avec mes clés. Jean-Pierre était en Belgique. Moi, j'ai été embarquée au ministère de l'Intérieur, rue des Saussaies, dans cet immeuble où l'un de mes oncles s'était jeté du quatrième étage en tuant un Allemand. Je savais ce qui s'était passé rue des Saussaies sous l'Occupation. J'avais l'impression que l'histoire recommençait. Les flics m'ont montré des photos de différentes personnes. J'ai dit : « Celui-là je le connais, je l'ai déjà vu au théâtre. Celui-ci je ne le connais pas personnellement, mais je l'ai déjà vu. » Je suis restée évasive. Je n'ai rien reconnu formellement. Finalement, ils m'ont relâchée. Ils ont compris qu'ils aboutiraient à un non-lieu.

La seule chose qu'ils ont trouvée chez moi, c'était *La Question* d'Henri Alleg, un livre sur la torture en Algérie, interdit à l'époque. Au fond, c'était comme si je vivais dans un réseau de la Résistance, ce que ma sœur aînée avait connu, mais pas moi. J'avais retenu les leçons de l'Occupation. Je savais me taire, je prenais des précautions. Je savais aussi que l'arrestation d'une ancienne déportée aurait fait scandale.

En 1962, j'ai interviewé des femmes algériennes à leur sortie de prison. Ces femmes étaient heureuses d'être libres, elles voulaient reprendre leurs études. Elles avaient vécu hors la loi, transporté des bombes, fait sauter des cafés à Alger. Elles y avaient cru et le FLN les avait trompées. Le rôle qu'elles espéraient ne leur a pas été accordé. *Algérie, année zéro*, le film que j'ai réalisé avec Jean-Pierre, revient sur cette énorme duperie de l'État FLN envers son propre peuple. L'un des personnages qualifie l'État algérien d'« État menteur ». Ce film n'a pas été projeté en Algérie.

En 1963, au retour de ce tournage algérien, j'ai rencontré Joris. J'avais trouvé extraordinaire son film *À Valparaiso*. À ce moment-là, Jean-Pierre et moi avions des problèmes de montage pour *Algérie, année zéro*. Je suis allée voir Joris pour lui demander conseil. Il m'a donné l'adresse de son monteur et a noté la mienne. Huit jours après, j'ai reçu un énorme bouquet de fleurs. Quatre mois plus tard, je l'ai retrouvé dans une exposition de photographie. Il m'a invitée à déjeuner au restaurant Les Charpentiers, à Saint-Germain-des-Prés. En sortant de table, nous sommes montés dans sa chambre de bonne. Il avait soixante ans et j'en avais trente-cinq. Je n'imaginais pas la place qu'il allait prendre dans ma vie.

Je suis tombée amoureuse aussitôt. J'aimais ce qu'il disait, la manière dont il parlait. La seule chose qui nous séparait, c'était sa fidélité envers l'Union soviétique. Il était marié avec une Polonaise. Au début, ce fut compliqué. Nous nous retrouvions au cours de ses voyages.

La Chine est arrivée plus tard, au début des années 1970. Il y a eu les comités Vietnam, auxquels nous participions. Puis Joris a réalisé ce très beau film intitulé *Le Ciel, la terre*, avec un texte de Chris Marker. Ensuite, en 1967, il y a eu *Le 17e Parallèle*. Pendant le tournage, nous avons rencontré Hô Chi Minh. Cela se passait à Hanoi, dans un parc, en pleine guerre du Vietnam. Pham van Dong, le Premier ministre, ne voulait pas nous laisser aller jusqu'au 17e parallèle, qui marquait la ligne de front. Il craignait pour notre sécurité. C'est dans ce parc que nous avons rencontré Hô Chi Minh. Voyant mon numéro tatoué, il m'a dit : « Ils ne t'ont pas cramée, là-bas ? » J'ai souri. Il a continué : « Si tu as survécu à ça, tu peux faire tout ce que tu veux chez nous. Tu iras sur le 17e parallèle. »

Joris a été le compagnon de ces aventures. En 1964, nous vivions dans le même appartement. J'avais déjà divorcé de Francis Loridan, qui m'avait donné son consentement à condition que je reconnaisse mes torts, ce que j'ai fait facilement. En échange, j'avais pu conserver son nom. J'en aurais volontiers changé, mais, pour mon métier, comment faire ? Depuis des années, je travaillais comme intervieweuse à la télévision, notamment dans l'émission « Cinq colonnes à la une ». J'ai toujours rêvé de reprendre mon nom, Rozenberg, mais je n'y suis pas arrivée.

Joris et moi nous sommes mariés quelques années plus tard, sous le régime de la communauté universelle. Je suis devenue Marceline Loridan-Ivens. Trente ans ont passé. Nous nous sommes profondément aimés, ce qui n'a pas empêché les aventures, de son côté comme du mien. C'est Joris qui a commencé, ce sont toujours les mecs qui commencent. Tout d'un coup, il a eu des rendez-vous avec d'autres femmes. Il pouvait partir une journée, une nuit entière. Moi, je n'intervenais pas.

Pour ce qui est de la vie de couple, il y a deux choses dont je suis certaine : il faut respecter l'autre et ne pas lui infliger de blessures inutiles. Avec Joris, j'ai tout accepté, sauf au moment où il m'a dit : « Il arrive toujours un moment où la femme que j'aime, je l'aime comme si c'était ma mère. » J'ai tout accepté sauf ça. Et pourtant, c'était normal. On ne peut pas aimer toute sa vie quelqu'un de la même façon.

Pendant plusieurs années de vie commune avec Joris, il y a eu un autre homme dans ma vie. À nouveau, un homme beaucoup plus jeune que moi. Personne, je le crois, n'en a été blessé. Une fois sortie des camps, je ne pouvais plus accepter de recevoir de leçons. Je crois avoir été une femme libre. Plus libre, en tout cas, que beaucoup d'autres. J'ai eu la chance de faire les bonnes rencontres au bon moment. J'ai été très aimée et cela m'a rendue meilleure. Il m'a fallu beaucoup d'années pour revenir à la vie. J'ai fait un énorme travail sur moi pour être différente, pour être plus consciente, plus authentique.

Au moment des tragédies familiales, Joris m'a toujours aidée. Il a toujours tout accepté.

Il a compris qu'il fallait me prendre comme j'étais. Jamais il ne m'a empêchée de faire quoi que ce soit. Pour le reste, il faisait confiance à beaucoup de monde, peut-être trop. C'était un homme très généreux. Narcissique aussi. Narcissique, il l'était comme tous les artistes. Peut-être que je suis moi aussi très narcissique, je n'en sais rien. Mais je ne suis pas une véritable artiste.

Joris avait l'habitude de se servir des femmes. Il s'était servi de beaucoup de femmes avant moi. Je me souviens d'un petit déjeuner avec lui, la comédienne italienne Franca Rame et son compagnon, l'auteur de théâtre Dario Fo, qui reçut plus tard le prix Nobel de littérature. Franca se disputait avec son compagnon, elle lui reprochait de lui voler ses idées. Elle lui disait : « J'en ai assez, je t'aide pour tes pièces de théâtre, pour le choix des comédiens, et tu ne me prends pas en considération. Il n'y a que toi qui comptes, il n'y a que toi. » J'ai fait le même procès à Joris. Je lui ai dit : « Pour ton film *Le 17e Parallèle*, toutes les idées sont venues de moi, c'est moi qui ai fait le casting, et je n'apparais pas comme coréalisatrice. Tu veux tout le pouvoir pour toi, c'est comme Franca Rame avec son compagnon. » Joris a reconnu ses torts, comme Dario Fo.

Je ne suis pas forcément d'accord avec toutes les revendications féministes. Les hommes, il faut rester en concomitance avec eux. Il ne faut pas les perdre, on a besoin d'eux. On les aime, il faut les convaincre. Les femmes doivent leur parler, les transformer. Nous avons besoin d'eux comme ils ont besoin de nous. Nous devons simplement trouver une autre façon de vivre ensemble.

Le dernier film que j'ai fait avec Joris s'appelait *Une histoire de vent*. On y voit un homme qui se confronte à la nature. Le vent y apparaît comme le souffle de la vie. En 1988, ce film a fait un triomphe au festival de Venise, où Joris a reçu le Lion d'or. Il est mort l'année suivante.

Très peu de temps après sa mort, comme une coïncidence, j'ai reçu une invitation au festival de Varsovie pour la projection d'*Une histoire de vent*. D'abord, j'ai dit non. Pas question de remettre les pieds en Pologne. Les Polonais avaient été horribles avec les Juifs avant la Première Guerre mondiale, entre les deux guerres, pendant la Seconde Guerre mondiale et après, mais le directeur du festival de Varsovie a fini par me convaincre. J'ai dit : « D'accord, mais si je viens en Pologne, il faut que j'aille à Birkenau. »

J'ai fait le voyage avec ma petite sœur. C'était fin 1990. Le Mur venait de tomber. Un monde nouveau était en train d'émerger et Joris n'était plus là pour le voir. Nous sommes passées par Cracovie, par le quartier juif de Kazimierz, où tout était encore à l'abandon, avec des synagogues à moitié détruites. Puis nous sommes arrivées à Auschwitz.

Je n'avais aucune vision globale du complexe d'Auschwitz, mais je me souvenais des blocks en briques. Je les ai retrouvés. J'étais avec ma sœur. Elle découvrait tout. Elle voyait l'endroit où son père avait été déporté. Il y avait un tel décalage entre nous que je n'arrivais pas à lui exprimer ma tendresse.

C'est pendant ce voyage à Birkenau que j'ai senti qu'il fallait que je fasse un film. L'année précédente, Joris et moi avions déjà commencé à travailler sur un projet de scénario. Cela devait parler des camps, mais c'était très différent. Cette fois, en revoyant les blocks en briques, j'ai senti en moi une force irrésistible et j'ai compris que le projet serait différent.

Sur les camps, il existait déjà des œuvres documentaires. Je voulais aller vers l'intériorité et donner une idée de ce que c'était que d'avoir vécu cette horreur. Je voulais faire sentir ces ondes de choc qui se répercutent jusqu'à la fin de la vie, qui ne cessent jamais. Pour cela, il fallait que je fasse confiance à une actrice capable de jouer mon personnage. Il fallait que j'aie ce courage.

Le camp, on le porte en soi pour toujours. C'est pour cela que, dans *La Petite Prairie aux bouleaux*, Anouk Aimée, qui est filmée à Birkenau, dit : « Ici, c'est chez moi. » Moi, le camp, j'y étais et j'y suis encore. J'ai vécu ma vie d'après comme si je n'en étais jamais sortie. Avec ce film, je trouvais un moyen de le dire. La fiction, c'était une façon d'accéder à l'intériorité, une façon de la partager. J'ai aussi fait ce film en l'épurant au maximum. J'ai voulu faire parler l'image nue, avec un minimum de commentaires. J'ai cherché à exprimer la violence à travers l'émotion contenue et j'ai trouvé une femme capable de jouer ce rôle. Cette transmission-là, je l'ai voulue la plus sobre possible.

Quand on veut transmettre, il faut prendre des précautions. On ne peut pas tout dire, parce qu'il faut protéger aussi ceux qui vous écoutent. Quand on parle à des enfants, par exemple, on ne peut pas tout raconter, c'est trop dur. Alors, on atténue un peu, c'est inévitable. Mais je connais une autre sorte de transformation, plus dangereuse. C'est en parlant dans les écoles que je m'en suis aperçue. À mesure que je répétais la même histoire, les stéréotypes s'installaient. Je commençais à fabriquer un autre langage. Aujourd'hui, je ne veux plus aller dans les écoles. Il y a un moment où l'on ne fait plus que se répéter. J'ai compris que la répétition, c'est la pire des choses. Les stéréotypes me sont devenus insupportables.

Dans les années 1960, avec Francis, mon mari, je suis revenue au château de Gourdon. Les nouveaux propriétaires y produisaient un très bon vin blanc. Pour plaisanter, je leur ai proposé de leur reprendre la propriété pour un franc symbolique. Ce château n'appartenait pas qu'à mon frère qui l'avait vendu. Il appartenait à toute la famille. J'y avais gardé quelques mètres carrés pour qu'on puisse y poser une pierre pour mon père. J'ai été revoir la porte au fond du parc, la porte par laquelle nous devions fuir.

Mon père avait tant aimé ce château. En s'y installant, il avait eu le sentiment de devenir français. Notre arrestation s'est produite à la fin de la guerre. Trois mois plus tard, la France était libérée par les Alliés. Le dernier acte de cette histoire, ce sont ces quelques mètres carrés qui me restent à Gourdon. Je voudrais, avant de mourir, poser une pierre pour mon père et trouver les mots justes pour une inscription.

Je n'aime pas revenir à Auschwitz. Je n'ai pas besoin de remplir un vide. Beaucoup de gens n'existent que par les histoires qu'ils racontent. À force d'être racontées, ces histoires se figent, elles s'ossifient. On n'est plus dans la vérité des choses. Celui qui raconte amoindrit ou embellit la vérité. Moi, quand j'ai senti que je me répétais, j'ai dit : « Stop, c'est fini pour moi. » Ce n'est pas des enfants que j'ai le plus peur, c'est du public adulte. Les enfants, eux, comprennent tout. On peut presque tout leur dire. On doit presque tout leur dire.

Je n'ai parlé de ma vie qu'à ceux qui m'inspiraient confiance, en toute honnêteté. En écrivant, en parlant, je cherche à faire comprendre aux autres quelque chose que je ne m'explique pas toujours à moi-même. Je n'ai pas envie de mentir, de raconter des salades.

Le monde n'est pas ce que les gens croient. À Birkenau, les déportés n'étaient pas bons. Il y a eu des gestes de bonté, mais le camp avait fait de nous des sauvages. Les SS ont tout fait pour nous détruire intérieurement. Comme nous étions sous leur contrôle, ils y sont arrivés pendant de brèves périodes. Finalement, ils n'y sont pas arrivés.

Ces forces de destruction, il ne faut pas les laisser revenir. Je continue à faire ce rêve d'un trou très profond. Je suis au fond et je ne peux plus en sortir. Je revois la petite Grecque du kommando des pommes de terre, celle que le SS m'obligeait à pousser devant moi et qui est morte.

Au camp, je n'ai jamais pensé qu'un jour je reviendrais pour raconter. De façon très confuse, je pensais que je m'en sortirais. Je ne pouvais pas ne pas m'en sortir. En même temps, lorsque j'ai été libérée, j'ai senti qu'il aurait mieux valu ne pas revenir. À l'hôtel Lutetia, quand ma mère m'a fait comprendre, par ses silences, que mon père n'était pas revenu, je lui ai dit que je ne voulais pas revenir. J'aurais tant voulu que mon père revienne. Je suis certaine qu'ils l'ont tué au moment de l'évacuation.

Aujourd'hui, je suis heureuse de vivre. Plus je vivrai, mieux je me porterai. Je viens de m'acheter une robe sur Internet. Hélas, je ne peux pas rentrer dedans. Elle est superbe, cette robe, mais elle n'est pas faite pour moi. Pour rentrer dans un vêtement acheté en ligne, il faut avoir un corps parfait.
Un jour, je serai débarrassée de moi-même. Je ne serai plus là. Je serai une poussière d'étoile dans le ciel, une poussière de je ne sais quoi qui ne sera plus moi.

Œuvres de Marceline Loridan-Ivens

FILMS

Algérie, année zéro, documentaire coréalisé avec Jean-Pierre Sergent, 1962.

Le 17ᵉ Parallèle, documentaire coréalisé avec Joris Ivens, 1968.

Comment Yukong déplaça les montagnes, série de douze documentaires coréalisés avec Joris Ivens : *Le Village de pêcheurs* ; *Une caserne* ; *Entraînement au cirque de Pékin* ; *L'Usine de générateurs* ; *Une histoire de ballon* ; *Les Artisans* ; *Autour du pétrole* ; *Impression d'une ville* ; *Professeur Tsien* ; *Répétition à l'opéra de Pékin* ; *La Pharmacie* ; *Une femme, une famille* ; *Les Kazaks* ; *Les Ouïgours*, 1976.

Une histoire de vent, documentaire-fiction coréalisé avec Joris Ivens, 1988.

La Petite Prairie aux bouleaux, 2003.

LIVRES

17e parallèle, la guerre du peuple. Deux mois sous la terre, avec Joris Ivens, Les Éditeurs français réunis, 1968.

Ma vie balagan, récit, avec Élisabeth D. Inandiak, Robert Laffont, 2008.

Traces de l'enfer. 6 rescapés racontent l'horreur des camps, témoignage dans un ouvrage collectif, Larousse, 2015.

Et tu n'es pas revenu, récit, avec Judith Perrignon, Grasset, 2015, et « Le Livre de poche », 2016.

L'Amour après, récit, avec Judith Perrignon, Grasset, 2018, et « Le Livre de poche », 2019.

Remerciements

à Marceline Loridan-Ivens, pour nous avoir raconté

à notre éditeur, Laurent Beccaria, toujours aussi enthousiaste et attentif
à notre agent, Olivier Rubinstein, pour son soutien et ses conseils

à toute l'équipe des Arènes, notamment Marie Baird-Smith, Flore Gurrey, Isabelle Mazzaschi, Jean-Baptiste Noailhat, Isabelle Paccalet et Éric Pillault

à Clément Dupeux, pour sa patience une nouvelle fois
à Jacqueline Frydman, pour notre dernier dîner avec Marceline Loridan-Ivens
à Gabriel Steg
à Laurent Goumarre, pour sa lecture attentive

et bien sûr à Delphine Haby, Jacqueline Haby et Mathias Haby

Crédits photographiques

Pages 1-3, 182-184 : photogrammes extraits du film *Chronique d'un été*, de Jean Rouch et Edgar Morin, 1961 ©DR.

L'exemplaire que vous tenez entre les mains
a été rendu possible grâce au travail de toute une équipe.

Édition : Flore Gurrey
Couverture : Éric Pillault
Conception graphique (intérieur) : Dominique Guillaumin
Révision : Isabelle Paccalet et Anaïs Pournin
Mise en page : Cursives
Photogravure : les Artisans du Regard
Fabrication : Marie Baird-Smith
Commercial : Pierre Bottura
Relations libraires : Jean-Baptiste Noailhat et Damien Nassar
Presse et communication : Isabelle Mazzaschi
Les Arènes du savoir : Pierre Bottura avec Marc Blactot, Fanny Boidron, Adèle Hybre et Guillaume Lollier

Rue jacob diffusion : Élise Lacaze (direction), Katia Berry (grand Sud-Est), François-Marie Bironneau (Nord et Est), Charlotte Jeunesse (Paris et région parisienne), Christelle Guilleminot (grand Sud-Ouest), Laure Sagot (grand Ouest), Diane Maretheu (coordination), Charlotte Knibiehly (ventes directes) et Camille Saunier (librairies spécialisées)

Distribution : Interforum

Droits france et juridique : Geoffroy Fauchier-Magnan
Droits étrangers : Sophie Langlais
Accueil et librairie : Laurence Zarra
Animation : Sophie Quetteville
Envois aux journalistes et libraires : Vidal Ruiz Martinez
Comptabilité et droits d'auteur : Christelle Lemonnier, Camille Breynaert et Christine Blaise
Services généraux : Isadora Monteiro Dos Reis

Achevé d'imprimer sur les presses de l'imprimerie Corlet
à Condé-en-Normandie (Calvados) en mai 2021.

ISBN : 979-10-375-0276-6
N° d'impression : 21040256
Dépôt légal : juin 2021